Sur cet ouvrage voyez l'Année littéraire 1760, VII, 168.

1639

PARALLELE
DES PRINCIPAUX
POËTES
TRAGIQUES FRANÇOIS.

PARALLELE
DES
TROIS PRINCIPAUX
POËTES
TRAGIQUES FRANÇOIS,
CORNEILLE, RACINE
ET CREBILLON.

PRÉCÉDÉ

D'UN Abrégé de leurs vies & d'un Catalogue raisonné de leurs Ouvrages, avec plusieurs extraits des Observations faites par les meilleurs Juges sur le caractere particulier de chacun d'eux : Ouvrage qui peut servir de supplement à l'édition du Théâtre de Corneille, par M. de Voltaire, & d'Introduction à la Lecture des Chefs-d'Œuvres Tragiques de la Scene Francoise.

A PARIS,
Chez SAILLANT, Libraire rue St. Jean de Beauvais.

M. DCC. LXV.

AVERTISSEMENT.

LES Noms de *Racine*, de *Corneille* & de *Crebillon*, sont dans tous les esprits & sur toutes les bouches. On a oublié les actions de plusieurs Conquérans, mais les productions des grands hommes qui ont illustré la litérature & l'humanité ne s'effacent pas aussi aisément de la mémoire des hommes, tout ingrats qu'ils sont. La raison en est évidente; c'est qu'on prefere la lecture des ouvrages qui élévent l'Ame, au recit de ces actions attroces & brillantes, qui font tout le merite de l'histoire des Guerriers.

Est-il donc étonnant que l'enthousiasme pour *Corneille*, pour *Racine* & pour *Crebillon* soit aussi vif, que lorsque ces hommes illustres se montrerent pour la premiere fois sur la Scene Françoise ? Non sans doute : on les a admiré & on les admire. Tous ceux en qui respire une étincelle de goût veulent les lire & les juger, mais chacun suit en tenant la balance son caractere particulier. Les ames Romaines préférent le sublime *Corneille*, les cœurs sensibles le tendre *Racine*, les esprits melancoliques, le terrible *Crebillon*. Nous ne pro-

AVERTISSEMENT. vij

posons point de ramener des sentimens si differens à un même goût ; ce seroit vouloir mettre de l'ordre & de la symetrie dans une perspective immense qui demande de la variété. Il faut qu'il y ait de la deversité dans les opinions, puisqu'il y en a dans les tempéramens & dans les esprits.

Notre but est d'exposer en peu de mots les beautés & les défauts de nos trois grands Poëtes Tragiques, & ce sera à chaque lecteur de choisir celui qui est le plus analogue à son genie. Ce n'est point ici une vaine déclamation, où un pédant de College s'épuise en Eloges emphatiques sur ce qu'il n'a jamais senti. Nous tâchons de caracteriser, & nous empruntons les principaux traits des meilleurs Peintres de nos grands hommes. Nous repetons quelquefois leurs propres paroles, & nous nous en faisons gloire ; Elevés à leur Ecole nous présentons les Cayers de nos maîtres & les Extraits de leurs leçons.

Cet ouvrage offrira premierement un abrégé de la vie de *Corneille*, de *Racine* & de *Crebillon*, avec un Catalogue raisonné de leurs ouvrages. Les qualités de leur ame y paroissent au grand jour comme celles de leurs ouvrages. L'éloge & le blâme sont le fruit des grandes reputations, & les Ecrivains superieurs sont comme les Princes, qui ne sont vertueux, ni vicieux impunement. Il faut les ju-

AVERTISSEMENT.

ger avec sévérité après leur mort, afin que les Arrêts portés contre eux servent de frein aux Auteurs vivans qui sont entrés dans leur Carriere.

II. *Le Parallele de Corneille & de Racine*, par M. *de Fontenelle*. Ce petit ouvrage fut d'abord imprimé en feuille volante en 1693, à l'occasion de celui que le Baron de *Longe-Pierre* fit dans le même tems de ces deux Poëtes. *Longe-Pierre* flatoit trop *Racine* aux dépens de *Corneille*, & *Fontenelle* ne rend pas une entiere justice à *Racine*, dont il étoit l'ennemi. M. l'Abbé *Trublet* le lui disant un jour, il repondit avec beaucoup de sincérité : *Cela se peut bien ; il y a même grande apparence que cela*

AVERTISSEMENT.

eſt. Auſſi n'eſt-ce pas moi qui fit imprimer ce parallele, & tout imprimé qu'il étoit, je n'ai pas voulu lui donner place dans mes œuvres. Il n'étoit guere poſſible que *Fontenelle* jugeât ſainement de *Racine*; il étoit Neveu de *Corneille*; il avoit plus d'eſprit que de ſentiment, & tout Philoſophe qu'il étoit, il cédoit peut-être au reſſentiment des mortifications que l'Auteur d'*Athalie* avoit voulu lui donner. Son Parallele n'eſt donc point parfaitement équitable; mais il eſt plein de fineſſe, ainſi que tout ce qui eſt ſorti de ſa plume, & nous avons cru qu'on le verroit reparoître avec plaiſir. Dans ce petit ouvrage.

III. *Le Parallele de Corneille & de*

AVERTISSEMENT.

Racine, par M. le Marquis de Vauvenargues. Ce morceau excellent forme un chapitre de son *introduction à la connoissance de l'esprit humain, suivie de reflexions & des maximes*, ouvrage qui vit le jour en 1746 à Paris. *Corneille* a la superiorité dans le Parallele précedent, mais il la perd dans celui-ci, & il cede le pas à *Racine*. Chose assez étrange : le Marquis de *Vauvenargues* avoit l'ame élevée, le caractere ferme de *Corneille*, & il lui prefere *Racine* ; *Fontenelle* avoit l'Ame douce, le caractere poli & pliant de *Racine* & il se decide pour *Corneille*. Mais il est facile d'expliquer cette prétendue contradiction : *Fontenelle* jugeoit un adversaire, & il devenoit injuste sans

AVERTISSEMENT.

le sçavoir; & le Marquis de *Vauvenargues*, en examinant les beautés & les défauts de *Corneille* étoit moins touché qu'un autre de la noblesse de ses sentimens, de l'élevation de ses pensées, du sublime de ses reparties; parce qu'aimant le naturel & le vrai, il ne pouvoit qu'être fortement choqué des declamations emphatiques & des rodomontades, qui les déparent. Voila surquoi il appuye dans son *Parallele*, où il y a autant de profondeur que de justesse, & dont M. de *Voltaire* a beaucoup profité dans son Commentaire sur *Corneille*.

On ne peut lire ce morceau, sans s'interesser à l'Auteur; il n'y a point de lecteur homme de goût,

AVERTISSEMENT. xiij

goût, qui ne veuille le connoître. Mais envain ouvriroit-on tous les *Dictionnaires Historiques* pour se satisfaire; aucun n'en a parlé. Il n'étoit ni compilateur, ni homme de parti & les Lexicographes que nous avons eu jusqu'à présent, n'ont guere fait mention que de ces gens là. Tachons de le venger de cet injuste oubli.

Le Marquis de *Vauvenargues* étoit de Provence ; il servit de bonne heure & fut long-tems Capitaine au Régiment du Roi. La retraite de Prague, pendant trente lieues de glaces, jetta dans son sein les semences des plus cruelles maladies & de la mort. Privé de la vue, accablé de souffrances au-dedans & au-dehors ; ce n'étoit que par un excès de vertu, qu'il n'étoit point malheureux ; & cette vertu ne lui coutoit point d'efforts. Au milieu de ses infirmités il éléva son cœur vers l'Etre tout puissant qui le frappoit, & lui adressa cette priere éloquente, digne de *Bossuet* & de *Pascal*. Elle est un peu longue, mais ce qui est beau est toûjours trop court, & on nous sçaura gré de la placer ici.

„ O Dieu ! qu'elle offense arme
„ votre bras contre moi. Quelle
„ malheureuse foiblesse m'attire vo-
„ tre indignation ? Vous versés dans
„ mon cœur malade le fiel & l'en-
„ nui qui le rongent ; vous sechez
„ l'esperance au fond de ma pensée ;
„ vous noyez ma vie d'amertume ;
„ les plaisirs, la santé, la jeunesse

AVERTISSEMENT. xv

„ m'échappent ; la gloire qui flat-
„ te de loin les songes d'une Ame
„ ambitieuse ; vous me raviſſez
„ tout.....

„ Etre juſte „ je vous cherchai,
„ ſi-tôt que je pus vous connoître ;
„ je vous conſacrai mes hommages &
„ mes vœux innocens dès ma plus
„ tendre enfance, & j'aimai vos
„ ſaintes rigueurs. Pourquoi m'avez-
„ vous délaiſſé ? Pourquoi, lorſ-
„ que l'orgueil, l'ambition, les
„ plaiſirs m'ont tendus leurs piéges
„ infideles..... C'étoit ſous leurs
„ traits que mon cœur ne pouvoit
„ ſe paſſer d'appui.

„ J'ai laiſſé tomber un régard ſur
„ les dons enchanteurs du monde,
„ & ſoudain vous m'avez quitté ;
„ & l'ennui, les ſoucis, les remords,

b ij

AVERTISSEMENT.

„ les douleurs ont en foule innon-
„ dé ma vie.

„ O mon Ame, montre-toi forte
„ dans ces rigoureuses épreuves ;
„ sois patiente ; espere à ton Dieu ;
„ tes maux finiront ; rien n'est sta-
„ ble, la terre elle-même & les
„ Cieux s'évanouiront comme un
„ songe. Tu vois ces Nations & ces
„ Trônes, qui tiennent la terre
„ asservie : tout cela perira. Ecou-
„ te, le jour du Seigneur n'est pas
„ loin : il viendra ; l'Univers surpris
„ sentira les ressorts de son être épui-
„ sés & ses fondemens ébranlés :
„ l'Aurore de l'éternité luira dans le
„ fond des Tombeaux, la mort
„ n'aura plus d'aziles.

„ O revolution éffroyable ! l'ho-
„ micide & l'incestueux jouissoient

AVERTISSEMENT. xvij

„ en paix de leurs crimes & dor-
„ moient sur des lits de fleurs; cette
„ voix a frappé les airs; le Soleil
„ a fait sa carriere; la face des
„ Cieux a changé. A ces mots les
„ Mers, les Montagnes, les Fo-
„ rêts, le Tombeaux frémissent,
„ la nuit parle, les vents s'appel-
„ lent.

„ Dieu vivant! ainsi vos ven-
„ geances se déclarent & s'accom-
„ plissent : ainsi vous sortez du
„ silence & des ombres qui vous
„ couvroient. O Christ! votre re-
„ gne est venu. Pere, Fils, Es-
„ prit éternel, l'Univers aveu-
„ glé ne pouvoit vous comprendre.
„ L'Univers n'est plus ; mais vous
„ êtes ; Vous-êtes ; vous Jugez
„ les peuples. Le foible, le fort,

» l'innocent, l'incredule, le sacri-
» lége; tous sont devant vous.
» Quel spectacle! je me tais ; mon
» ame se trouble & s'égare en
» son propre fonds. Trinité formi-
» dable au crime, recevez mes
» humbles hommages. »

Un homme ainsi disposé ne devoit pas redouter la mort. Le Marquis de *Vauvenargues* la vit aprocher avec cette tranquillité, que les anciens Philosophes s'efforçoient d'acquerir ou de montrer, & que la Religion seule peut donner. Sa mort fut une perte pour les lettres, qu'il avoit toûjours cultivées même dans le tumultte des armes. Dès l'âge de vingt-cinq ans, il possedoit la vraie Philosophie & la vraie éloquence sans autre étude que le secours de quelques bons livres ; son ame étoit forte, solide & grande ; la simplicité d'un enfant timide couvroit la profondeur & la force de son génie. Tels sont les Eloges qu'en fait Monsieur de *Voltaire*, dont nous ne sommes que l'Echo ; mais nous repetons l'un & l'autre d'après le Public.

IV. Des *observations* sur le jugement que Monsieur de *Voltaire* & Madame de *Sevigné* ont porté de *Corneille* & de *Racine* ; l'un dans son *Temple du goût*, & l'autre dans ses *Lettres*, par Monsieur *Gaillard*, Auteur de a *Poëtique Françoise à l'usage des Dames* en 2 volumes in-12. Ces observations judicieuses & reflechies, étoient d'autant plus necessaires, que plusieurs personnes souscrivent aveuglement aux louanges & aux censures que Madame de *Sevigné* prodigue. Qu'on dise que ses Lettres charment par une simplicité ingénieuse, & par une heureuse négligence; qu'elles respirent ce beau naturel qui ne se trouve qu'avec le vrai; à la bonne heure, mais qu'on s'en tienne là. Il est certain que l'illustre Marquise n'avoit pas autant de justesse dans l'esprit, que de délicatesse dans le cœur; elle sentoit avec vivacité, elle réfléchissoit peu; enfin si je l'ose dire elle étoit Femme, & dans le suffrage; qu'elle donnoit à *Corneille*, préferablement à *Racine*,

AVERTISSEMENT.

elle écoutoit plus les préjugés de fon enfance, que fon goût & fon jugement.

V. Des *reflexions* fur la maniere de *Dialoguer* de nos principaux Poëtes Tragiques, *l'Examen* des fautes de langage dans la Tragédie de *Pompée*. Ces deux morceaux eftimables parurent en 1749, dans un livre intitulé *Connoiffance des Beautés & des Défauts de l'Eloquence & de la Poéfie dans la Langue Françoife*. Monfieur de *Voltaire* y eft extrémement loué; & quelques efprits malins le lui attribuerent, & crurent qu'il étoit le facrificateur & le Dieu. Beaucoup d'Auteurs modernes font examinés feverement dans cette

Brochure, qui étoit, vrai-femblablement, le fruit de l'amitié de quelque littérateur pour Monsieur de *Voltaire*, plutôt qu'un monument de sa vanité. On cria à la satire ; on souleva tous les critiques ; mais à présent que l'esprit s'est refroidi sur cette bagatelle, on convient qu'elle renferme des reflexions très-judicieuses (à quelques unes près) qui ne peuvent partir que d'un homme d'un goût cultivé, d'un esprit juste & nourri des bons modéles. On a même vû avec plaisir la plûpart de ces reflexions dans les derniers ouvrages de Monsieur de *Voltaire* ; tant il est vrai que le Public est comme la plûpart des particuliers, qui déchirent & qui flattent tour à tour, & qui encenfent le foir l'Autel qu'ils avoient voulu demolir le matin.

VI. Enfin on trouvera dans cette Brochure l'Extrait de l'*Eloge de Crebillon* par Monfieur de *Voltaire* ; le *Parallele* de *Corneille* & de *Racine*, par Monfieur l'Abbé *Bateux* & par la Bruyere ; & quelques autres petits morceaux dont chacun dit quelque chofe. On fe croira trop fatisfait, fi cet effai peut fervir aux Lecteurs qui veulent diftinguer les différentes qualités qui caracterifent nos trois grands Poëtes Tragiques : Car ils ont chacun leur caractere, comme chaque homme a sa phisionomie, & chaque objet ses couleurs. Malheur à ceux qui n'ont pas d'yeux !

ABRÉGÉ
DE LA VIE
DE
PIERRE CORNEILLE.

Corneille (*Pierre*) nâquit à Rouen en 1606, d'un Avocat-Général à la Table de marbre. Après avoir fait ses études aux Jésuites, il exerça la charge de son Pere sans goût & par conséquent sans succès. Il ne connoissoit pas encore son talent pour la Poésie, lorsqu'un de ses amis le mena chez sa Maîtresse ; il en devint amoureux, & s'étant établi sur les ruines de son introducteur, le plaisir que lui fait cette avanture le rend Poéte; il en fait une comédie sous le nom de *Melite* & voilà le grand Corneille.

Cette premiere Piéce représentée en 1625 fut suivie de cinq autres 1°. la *Galérie du Palais*. 2° la *Veuve*. 3° la *Suivante*. 4° la *Place Royale*. 5° *Clitandre*. Ces Piéces, indignes de notre siécle, sont très-bonnes en les comparant à ce qu'on avoit alors; on y trouve quelquefois des Vers très-bien faits & les Saillies d'un esprit original.

La premiere Piéce, où l'on vit le germe des grandes beautés qui brillent dans ses autres Tragédies, est *Médée*, jouée en 1635; il est vrai qu'il seroit aujourd'hui inconnu, s'il n'avoit pas fait d'autre ouvrage. Sa Piéce est pleine de longues déclamations; on ne s'interesse à aucun personnage; la maniere dont il traite son sujet revolte; tout y est incroyable; le ſtile eſt négligé & vicieux ; mais enfin il y a quelques traits qui annoncent le grand *Corneille*. Ce Poëte avoit 30 ans quand il donna ſa *Médée* : c'eſt l'âge de la force de l'eſprit ; mais il étoit encore ſubjugué par ſon ſiécle. Confondu alors parmi les cinq Auteurs que le Cardinal de *Richelieu* faiſoit travailler aux piéces dont il étoit l'inventeur, il n'avoit ni bon modéle ni bon juge. Ces cinq Poëtes étoient *Rotrou*, *l'Etoile*, *Colletet*, *Boisrobert*, mais il ne trouva d'amitié & d'eſtime que dans *Rotrou*, qui à la vérité ſentoit ſon mérite, mais qui étoit incapable de guider ſon génie. *Corneille* ſe retira bientôt de cette ſociété ſous le prétexte des arrangemens de ſa petite fortune, qui exigeoit ſa préſence à Rouen.

Après *Médée*, il donna *l'illuſion comique* en 1636 : Piéce irréguliere & bizarre, & dont les agrémens ne dédommagent point de sa bizarrerie & de son irrégularité. Il y domine un personnage de Capitan, qui abattoit d'un souffle le grand Sophi de Perse & le grand Mogol. Il falloit alors de ces caracteres sur la Scéne. *Clitandre* est à peu près dans ce goût; les personnages combattent sur le théâtre; on y tue, on y assassine; on voit des Héroïnes tirer l'épée; des Archers courent après le meurtriers; des femmes se déguisent en hommes; il y a de quoi faire un Roman de dix tomes & cependant rien de si froid & de plus ennuyeux.

Corneille parut enfin tel qu'il étoit dans le *Cid*, joué en 1636, Piéce imitée de l'Espagnol & dans laquelle il sçut parler au cœur & arracher des larmes de tous les yeux. On ne connoissoit point avant cette piéce ce combat des passions, ce choc des sentimens de l'ame, & ce fut par *Corneille* que la France & l'Europe apprirent cet art admirable. On sçait quel succès eut le *Cid*, & quel enthousiasme il produisit dans la Nation. Il étoit passé en proverbe : *cela est beau comme le Cid*. Corneille vit sa piéce traduite dans toutes les langues de l'Europe, hormis la Turque & l'Esclavone; tout le monde vouloit en sçavoir quelque partie par cœur ; on la faisoit apprendre aux enfans ; mais au milieu de ces applaudissemens du public, il eut la douleur d'essuyer les plus grandes contradictions & les dégoûts le plus amers. *Scuderi*, *Claveret*, *Mairet* se déchaînerent contre lui avec tout l'emportement de la jalousie humiliée, & le Cardinal de *Richelieu* son protecteur, mécontent de ce qu'il avoit voulu changer quelque chose dans une de ses piéces, se mit à la tête de tous ses ennemis. Les yeux de ce Miniſtre ſe fermerent trop ſur les beautés ; ils ne virent que les irrégularités de la piéce, l'inutilité & l'inconvenance du rôle de l'Infante, le rôle foible du Roi, le rôle encore plus foible de Don *Sanche*, les défauts du ſtile qui n'eſt pas toujours ni correct ni élégant. L'Académie Françoiſe fut chargée de donner ſes obſervations; elle les donna, mais *elle eut beau cenſurer, le public revolté s'obſtina à l'admirer.*

Les *Horaces*, Tragédie jouée en 1639 (*) exciterent moins la bile des Cenſeurs que le *Cid*, & reçurent d'auſſi grands applaudiſſemens. On menaça cependant l'Auteur d'une ſeconde critique, mais il repondit : *Horace fut condamné par les Duumvirs, & abſous par le Peuple.* Cette piéce n'eſt pas reguliére ; il y

---

(*) Et non en 1641, comme le porte l'édition de *Corneille* par M. de V.

a trois Tragédies abfolument diftinctes, la victoire d'*Horace*, fon procès & la mort de *Camille* ; tout le cinquiéme Acte n'eft qu'un plaidoyer hors d'œuvre ; mais il y a dans ce plaidoyer ainfi que dans le refte de l'ouvrage de beaux détails, des maximes profondes, nobles, juftes. Les Scénes d'*Horace*, de *Curiace* & du vieil *Horace* font d'une fi grande beauté, qu'on reverra toujours ce Poéme avec plaifir quand il fe trouvera des Acteurs capables de le jouer.

Cinna, ou la *Clémence d'Augufte*, Tragédie jouée en 1639, n'eft point une piéce telle que les *Horaces* ; on voit bien ce même pinceau, mais l'ordonnance du tableau eft très-fupérieure. Il n'y a point de double action ; c'eft toujours la même intrigue ; les trois unités font auffi parfaitement obfervées qu'elles puiffent l'être. La Scéne premiere du second Acte est un chef-d'œuvre d'éloquence, & il y a plusieurs morceaux dignes de cette Scéne. On trouve presque partout de la noblesse, des sentimens vrais, de la force, de la véhémence, des grands traits sans cette emphase & cette enflure qui n'est qu'une grandeur fausse. Cette piéce est la plus belle de *Corneille*, suivant de très-bons Juges, quoique l'Auteur donna la préférence à *Rodogune*.

Quand on passe de *Cinna* à *Polyeucte* qui fut jouée en 1640, on se trouve dans un monde tout différent ; mais les grands Poëtes ainsi que les grands Peintres sçavent traiter tous les sujets. On prétend que *Corneille* ayant lû sa piéce à l'Hôtel de Rambouillet, elle y fut condamnée d'une voix unanime, & que sans un vieux Comédien nommé *Laroque*, qui lui persuada de la donner au Public, nous en serions

DE PIERRE CORNEILLE.

peut-être privés. Il est vrai que *Polyeucte* ne paroît guére propre au Théâtre, parce que ce personnage n'excite ni la pitié ni la crainte; mais il y a de très-beaux traits dans son rôle, & il falloit un très-grand génie pour manier un sujet si difficile. Nous ne parlons pas de l'extrême beauté du rôle de *Sévére*, de la situation piquante de *Pauline*, de sa Scéne admirable avec *Sévére* au quatriéme Acte; toutes ces beautés effacent les défauts de cette piéce & lui assurent un succès éternel.

La *mort de Pompée*, donnée l'année d'après a moins de régularité; ce n'est point une véritable Tragédie, selon quelques critiques; c'est un Recueil de morceaux excellens qui ne font point un tout; c'est un ouvrage d'un genre unique que le génie de *Corneille*, animé de la grandeur Romaine, pouvoit seul faire réuſſir. L'amour de Céſar pour Cléopatre eſt ridicule & traité ridiculement. Si l'on excepte les Scénes de *Chimene* dans le *Cid* & quelques morceaux de *Polyeucte*, cette paſſion ne fut jamais peinte par *Corneille* comme elle doit l'être. Le ſtile de cette piéce eſt fort élevé ; l'Auteur plein de *Lucain* répandit la pompe de ſa verſification & la hardieſſe de ſes penſées dans ſa piéce ; mais cette pompe dans le Poéte François & dans le Latin va quelquefois juſqu'à l'enflure.

Corneille avoit donné le modéle des bonnes Tragédies ; il donna celui de la Comédie en publiant celle du *Menteur* en 1642. Ce n'eſt qu'une imitation de celle de *Lopes*, de *Vega*, Poéte Eſpagnol, ou plutôt de *Juan* d'*Alcaron* ; mais c'eſt probablement à cette imitation que nous devons *Moliere*. Corneille mit donc le premier le bon comique fur le Théâtre ; & fa comédie quoique défectueuſe eut long-temps une ſupériorité prodigieuſe ſur toutes les piéces de ſes contemporains. La Scéne troiſiéme de l'Acte cinquiéme eſt pleine de force & de nobleſſe ; on y voit la même main qui peignit le vieil *Horace* & Dom *Diegue*.

La *ſuite du Menteur* repréſentée en 1643 & imitée auſſi de l'Eſpagnol, ne réuſſit point d'abord, mais elle eut enſuite un ſuccès heureux. L'intrigue de cette ſeconde piéce eſt beaucoup plus intéreſſante que celle de la premiere ; & en donnant de l'ame au caractere de *Philiſte*, en tâchant d'amener un peu mieux les beaux ſentimens & la plaiſanterie, en mettant en œuvre la jalouſie, enfin en retranchant quelques mauvaiſes pointes de *Cliton*, on feroit de cette piéce un chef-d'œuvre.

Théodore vierge & martyre, jouée en 1645, ne servit qu'à montrer que le génie le plus élevé, tombe quelquefois le plus bas ; c'eſt toujours la même verſification que dans ſes mauvaiſes piéces tantôt forte, tantôt foible ; toujours la même inégalité de ſtile ; le même tour de phraſe : la même maniere d'intriguer ; mais l'action principale étant la proſtitution de la Sainte, cette piéce ne put que revolter un Parterre délicat. Il y a des vers qui préſentent les images les plus baſſes ; on menace *Théodore* de la livrer à l'infamie, & elle répond, que ſi on la reduiſoit à cette extrêmité,

On la verroit offrir d'une ame réſolue
A l'Epoux ſans macule une Epouſe impoſlue.

M. de *Fontenelle*, à qui on recita ces vers, ſans lui dire de qui ils étoient, s'écria : *quel eſt le Ronſard qui a pu écrire ainſi ?* c'eſt, lui répondit-on,

DE PIERRE CORNEILLE. 13

répondit-on, *votre cher oncle le grand Corneille.* Cette piéce détestable péche par l'indécence du sujet, par la conduite & sur-tout par la froideur. *Corneille* a presque toujours négligé les deux grands pivots du tragique, la terreur & la pitié; il donne tout à l'intrigue & souvent à l'intrigue plus embrouillée qu'intéressante.

Le sujet de *Rodogune Princesse des Parthes*, Tragédie représentée en 1646, est aussi grand & aussi terrible que celui de *Théodore* est bizarre & impraticable; mais tous les faits ne sont pas ajustés au théâtre d'une maniere vraisemblable. L'Auteur amene de grandes beautés par des préparations forcées & peu naturelles. Elles servent d'échaffaud pour le cinquiéme Acte, dont les grands traits, la situation unique & le terrible tableau demandent grace pour les fautes de la

B

piéce & l'obtiennent. Le grand art de *Corneille* eſt de tenir les eſprits en ſuſpens & d'arranger tellement les événemens qu'on ne peut deviner le dénouement de cette Tragédie admirable. *Corneille* la préferoit à toutes ſes autres piéces, quoique le public fût pour *Cinna*.

Ce ſublime génie ſe ſoutint dans *Héraclius*, tragédie jouée en 1647. Le fond en eſt noble, théâtral, attachant; elle eſt ſi chargée d'incidens qu'une premiere repréſentation eſt plutôt un travail qu'un amuſement, mais en excitant la curioſité l'intrigue occupe l'eſprit du ſpectateur, dont l'amour propre eſt très-flatté lorſqu'il l'a débrouillée. *Deſpreaux* l'appelloit un Logogriphe, mais il y a de très-beaux morceaux dans cette Enigme, & quoique la diction n'en ſoit ni aſſez pure, ni aſſez élégante, ni aſſez noble, on la lit toujours avec plaiſir.

Dom Sanche d'Arragon, Comédie Héroïque jouée en 1650, ou 51, n'eut jamais un grand succès; la raison en est que trois Princesses amoureuses d'un inconnu débitent les maximes les plus froides d'amour & de fierté. C'est que ces Reines qui se passionnent pour un Avanturier ajouteroient la plus grande indécence à l'ennui, si on ne soupçonnoit que cet avanturier est un Prince. D'ailleurs l'amour de ces Princesses ne produit rien du tout dans la piéce, & leur stile est à la fois incorrect & recherché, obscur & foible, dur & traînant.

Androméde, Tragédie en machines représentée en 1650, est oubliée aujourd'hui; il y a pourtant quelques beautés, & on les trouve dans les endroits qui tiennent de la vraie tragédie.

Nicoméde, Tragédie jouée en 1657, est dans un goût différent;

il rentre plus dans le genre de Dom *Sanche d'Arragon*. Ce sont des avantures extraordinaires, des bravades, des sentimens généreux, mais ce n'est ni la terreur, ni la pitié de la vraie tragédie. Si l'intrigue eut été terrible telle que celle de *Rodogune*, le caractere de *Nicoméde* eut paru un chef-d'œuvre.

Pertharite, Roi des Lombards tragédie jouée en 1653, ne le fut qu'une fois. Les sentimens parurent outrés ou foibles, & rarement nobles, & les vers ne font presque qu'une prose comique rimée.

Le mauvais succès de la piéce précédente avoit dégoûté *Corneille* du théâtre, mais ne pouvant résister à l'impulsion de la Poésie & aux sollicitations de *Fouquet*, il donna son Œdipe en 1659. Cette tragédie réussit & lui attira de nouveaux bienfaits du Roi. Il l'a dédia par une Epitre en vers à *Fouquet*, comme il avoit dédié *Cinna* à *Montauron*, tréforier de l'Epargne, qui lui donna mille piftoles. On appella depuis les dédicaces lucratives des *Epitres à la Montauron*. *Corneille* n'épargnoit pas les louanges dans fes Epitres dédicatoires, & cet homme fi grand dans fes tragédies paroiffoit alors bien petit. Les Poétes favorifés de la fortune, l'en ont blâmé, mais s'ils avoient été auffi peu riches que lui, peut-être auroient-ils avilli davantage les mufes & les lettres. Quoiqu'il en foit le nom de *Fouquet* ne fera point paffer à la poftérité la tragédie d'*Œdipe*, où l'Auteur eft plus occupé à differter qu'à infpirer le pathétique qu'on attendoit d'une fi affreufe fituation.

On ne fupporteroit pas plus aujourd'hui la tragédie de la *Toifon d'or*, que *Corneille* donna en 1660 avec des machines. Il n'y a aucun trait brillant qu'on puiffe remarquer dans le ſtile & le goût de pointes & des jeux des mots s'y fait trop remarquer. L'intrigue ne vaut pas mieux que la diction, & le Prologue eſt auſſi inſipide que l'un & l'autre ; c'eſt une amplification de Collége.

Après tant de Tragédies peu dignes de *Corneille*, il donna en 1662 *Sertorius* dans laquelle on retrouve ſouvent l'auteur de *Cinna*. Il n'y a à la vérité ni paſſions violentes, ni deſcriptions pompeuſes, ni récits pathétiques ; mais l'entrevûe de *Pompée* & de *Sertorius* eſt un des plus beaux morceaux de notre théâtre. S'il y a quelques défauts dans le ſtile, ces fautes légeres n'ôtent rien à la nobleſſe des ſentimens, à la politique, aux bienſéances de toute eſpèce, qui font un chef-d'œuvre de cette converſation. Elle n'eſt pas tragique, ainſi que la piéce, il faut en convenir ; elle n'eſt que politique ; mais que cette politique eſt admirable, lorſque les caracteres ſont nouveaux, les perſonnages ſi grands, & que c'eſt *Corneille* qui les fait parler ! On prétend que le Vicomte de *Turenne* s'écria à la repréſentation de *Sertorius* : *ou donc Corneille a t-il pu apprendre l'art de la Guerre ?* ce conte eſt ridicule, ſuivant M. de *Voltaire*, mais il ſe trouve par-tout, & nous n'avons pas dû l'oublier. Au reſte, le dénouement de *Sertorius* eſt très-froid, & il n'a jamais remué l'ame des ſpectateurs.

La *Sophonisbe*, tragédie repréſentée en 1663, n'eſt guére plus tragique & elle manque entiérement d'intérêt, quoiqu'elle ſoit aſſez fortement écrite.

Othon, joüé en 1664, tombe dans le même défaut que la précedente ; il n'y a rien d'attachant ni de tragique ; ce n'eſt qu'un arrangement de famille, on ne s'y interesse pour personne ; il y est beaucoup parlé d'amour, & cet amour même refroidit le Lecteur. *Corneille* refit, dit-on, trois fois le cinquieme acte ; mais si la chose est vraie, elle prouve qu'il falloit le refaire une quatriéme, ou plutôt qu'il étoit impossible de tirer un cinquiéme acte interessant d'un sujet tel qu'*Othon*. On y cherche en vain un stile pur, Noble, coulant & égal. Cette piéce réussit cependant, en faveur des beautés des premieres Scénes & de quelques heureuses imitations de *Tacite*. *Corneille* tâcha de peindre la corruption de la Cour des Empereurs du même pinceau dont il avoit peint les vertus de la Republique ; mais il s'en faut beaucoup que ses couleurs soient aussi fortes & aussi brillantes que dans ses premieres piéces. Le Maréchal de *Grammont* dit a l'occasion de cette Tragédie, qui eût des suffrages illustres, que *Corneille* devroit être *le Breviaire des Rois* ; & M. de *Louvois*, qu'il faudroit un parterre composé de Ministres d'Etat pour la bien juger.

Corneille donnoit un ouvrage de Théâtre presque tous les ans depuis 1645, & ces ouvrages n'étoient pas parfaits. Le Public commençoit à se degoûter ; la Tragédie d'*Agésilas* jouée en 1666, ne servit pas à le faire revenir de son dégoût ; elle est très-froide & aussi mal écrite que mal conduite. On y voit encore dans quelques endroits un reste de *Corneille*, mais en général on y sent beaucoup plus sa vieillesse. On pretend que la mesure des vers qu'il employa dans *Agezilas* nuisit beaucoup au succès de cette Tragédie ; mais le public ne s'en seroit pas apperçu s'il n'avoit pas entierement négligé l'intérêt & le stile.

Boileau frappé des chûtes de

Corneille fit cette Épigramme :

J'ai vû L'*Agezilas*,
 Hélas !
Mais après L'*Attila*,
 Hola !

Cette Tragédie *D'Attila*, fut jouée en 1667 & elle se ressent encore du déclin de son Auteur, qui baissoit à mesure que *Racine* s'élevoit. Son stile raboteux, incorrect, dur, sec, rebutoit les esprits, & l'intrigue de la piéce ne les ramenoit pas. La comparaison qu'on faisoit de lui avec son Rival ne contribuoit pas peu à l'ennui qu'inspiroient ses piéces.

Le public fut bientôt à portée de faire cette comparaison d'une maniere plus sensible. *Henriete* d'Angleterre, belle-sœur de Louis XIV, se ressouvenant des sentimens qu'elle avoit eu pour lui, & du goût vif de ce Prince pour elle, chargea le Marquis de *Dangeau* confident de ses amours avec le Roi, d'engager secretement *Corneille* & *Racine* à faire chacun une Tragédie des adieux de *Titus* & de *Bérénice*. Les deux piéces furent composées dans l'année 1670, sans qu'aucun des deux sçut qu'il avoit un Rival. Elle furent jouées en même temps sur la fin de la même année ; mais dans cette espece de duel entre deux grand Poétes, la victoire demeura au plus jeune.

En vain *Corneille* voulut imiter la mollesse du stile de son Emule, il s'en tira comme un homme robuste sans graces & sans souplesse, qui veut se donner les attitudes gracieuses d'un danseur agile & élégant. Sa piéce étoit contraire à son génie ; elle tomba & on ne peut plus la lire.

Pulcherie, Comédie Héroïque, représentée en 1674, est encore l'ouvrage d'un Viellard ; nulle grande intrigue, nul événement confiderale; pas un seul perfonnage auquel on s'intéreffe. On y parle d'amour de maniere à dégoûter de cette paffion, tant le ftile eft barbare. *Corneille* vouloit mettre de le tendreffe dans toutes fes piéces; mais depuis *Polyeucte* ce ne font que des contrats de Mariage où l'on ftipule pendant cinq actes les intérêts des parties, ou des raifonnemens alambiqués fur les devoirs des vrais Amans.

Il femble que *Corneille* voulut joutter contre *Racine*; car dans *Surena*, Tragédie jouée à la fin de 1674; tout roule fur l'amour; mais cette paffion y eft traitée comme dans fes plus mauvaifes piéces; il eft fans chaleur & fans vie.

Après *Surena*, *Corneille* renonça au Théâtre qu'il auroit dû abandonner plutôt, mais il eut la confolation de voir repréfenter fes anciennes

nes piéces en 1676 à Versailles. Son feu Poétique se reveilla alors & il s'écria dans une Epitre au Roi:

> Est-il vrai ; grand Monarque, & puis-je me vanter,
> Que tu prennes plaisir à me ressusciter ?
> Qu'au bout de quarante ans, *Cinna*, *Pompée*, *Horace*,
> Reviennent à la mode, & retrouvent leur place ?
> Et que l'heureux brillant de mes jeunes Rivaux
> N'ôte point leur vieux lustres à mes premiers travaux ?
> Acheve, les derniers n'ont rien qui dégénere,
> Rien qui les fasse croire Enfans d'un autre Pere.
> Ce sont des malheureux étouffez au berceau,
> Qu'un seul de tes regards tireroit du tombeau,
> On voit *Sertorius*, *Oedipe* & *Rodogune*,
> Rétablis par ton choix dans toute leur fortune;
> Et ce choix montreroit qu'*Othon* & *Surena*,
> Ne sont pas des cadets indignes de *Cinna*.
> *Sophonisbe* à son tour, *Attilla*, *Pulcherie*,
> Reprendroient pour te plaire une seconde vie;
> *Agezilas* en foule auroit des spectateurs,
> Et *Bérénice* en fin trouveroit des Acteurs.
> Le peuple, je l'avoue, à la Cour les dégradent :
> Je foiblis, ou du moins ils se le persuadent.
> Pour bien écrire encore j'ai trop longtems écrit,
> Et les rides du front passent jusqu'à l'Esprit.

C

Mais contre cet abus, que j'aurois de suffrages,
Si tu donnois le tiens à mes derniers Ouvrages !

Pour entendre ce que dit *Corneille* sur sa *Bérénice*, il faut sçavoir qu'elle n'avoit été jouée que par des mauvais Comédiens, parce que sa Rivale avoit eu l'Art & le bonheur de lui enlever les bons.

Quoique les derniers ouvrages de *Corneille* n'ayent pas beaucoup de mérite, n'oublions jamais les excellens morceaux des ses premieres productions. Les belles Scénes du *Cid*, les admirables tirades des *Horaces*, les beautés Nobles & sages de *Cinna*, le sublime de *Cornelie*, les Rolles de *Severe* & de *Pauline*, le cinquiéme acte de *Rodogune*, la conference de *Sertorius* & de *Pompée*, tant de beautés produites dans un temps ou la France étoit agréste, grossiere, ignorante, sans esprit & sans goût le feront toujours regarder comme le Pere du Théâtre. Dans les endroits où il excelle, il est sublime; il rend l'Heroïsme dans tout son éclat; il étonne, maîtrise & instruit, mais il écrit très inégalement, quoique son génie ne fut pas peutêtre inégal. On le voit toujours dans ses meilleures piéces & dans ses plus mauvaises attaché à la solidité du raisonnement, à la force & a la profondeur des idées; presque toujours plus occupé à penser & à retourner ses pensées qu'à toucher; plein de ressources jusques dans les sujets les plus ingrats, mais de ressources souvent peu tragiques; choisissant mal tous ses sujets depuis *Œdipe*; inventant des intrigues, mais petites & incapables d'attacher. Il n'eût pas le pathétique des Grecs; il n'en donna une idée que dans le dernier acte de *Rodogune*; mais quelques défauts qu'on lui trouve, il faut convenir qu'on lui doit la Tragédie, la Comédie & l'Art de penser.

Corneille, debarassé du Théâtre, se prépara à la mort ; la sienne arriva en 1684. il étoit âgé de 78 ans & Doyen de l'Académie Françoise qui se l'étoit associé en 1647. Son exterieur n'avoit rien qui annonça son esprit, & cet homme qui faisoit si bien parler les Grecs & les Romains, parloit lui même assez mal. Une grande Princesse fut si peu frappée de sa conversation qu'elle dit après l'avoir entendu qu'il ne falloit l'écouter qu'au Théâtre. Sa prononciation qui n'étoit pas tout à fait nette ne contribuoit pas à répandre de l'agrément sur ses entretiens ; il recitoit ses vers avec force mais sans grace.

Le Citoyen valoit autant en lui que le grand homme ; bon pere, bon parent, bon ami, capable d'attachement & sensible à l'amitié. Son humeur qui paroissoit d'abord brusque & altiere étoit dans le fond douce, sociable & accommodante. Il avoit toute la modestie qu'on peut avoir avec d'auſſi grands talens ; il a fait lui même *L'examen* de ſes piéces, & s'il cherche quelque fois à ſe faire illuſion il avouë le plus ſouvent ſes fautes. Lorſqu'il alloit à l'Académie, il laiſſoit ſes Lauriers à la porte & n'étoit jamais le premier à prononcer. Il fit toujours profeſſion d'une probité auſtere, qui étoit ſoutenuë par la Religion, ſon goût n'étoit pas auſſi ſûr que ſon génie étoit ſublime ; il preferoit *Lucain* à *Virgile* & la *Bruyere* l'accuſe de n'avoir jugé du mérire de ſes piéces, que par l'argent qu'il en recevoit, imputation que ſes *Examens* détruiſent.

Sa fortune ne répondit pas à ſon mérite ; il reçut bien des recompenſes paſſageres, mais non pas aſſez pour l'enrichir ; d'ailleurs il étoit peu propre aux affaires ; & il negligeoit beaucoup les siennes. On a prétendu qu'il avoit sa place marquée au Théâtre ; & que dès-qu'il y paroissoit tout le monde se levoit & battoit des mains, mais ces honneurs singuliers s'accordent assés peu avec le mauvais accueil fait à ses dernieres piéces.

Outre ses tragédies, on a de lui. 1°. Un Recueil d'*Œuvres diverses* en prose & en vers. 2°. Une traduction de *l'Imitation de Jesus-Christ en vers, in-12*, qu'il composa après la chute de *Pertharite* ; elle a eu beaucoup de débit & très peu de succès. Le livre de *Thomas à Kempis*, dont le principal mérite est la simplicité, la naïveté & l'onction n'est pas plus fait pour être mis en vers que l'Evangile 3°. La traduction des deux premiers livres de la *Thébaïde* de *Stace* : Ouvrage qu'on ne retrouve plus aujourd'hui.

La meilleure édition du *Théâtre*

de Corneille est celle que M. de *Voltaire* a donné en 1764 au profit de Mad. Du Pui sa petite Niéce en 12 Vol. in-8°. avec de très belles estampes. Cette édition est accompagnée d'un commentaire semé d'excellentes remarques sur la langue, sur le Stile de la Poésie, sur l'Art Dramatique. On y trouve des preceptes surs, des principes de goût, des choses vues profondement & finement. Cet ouvrage nous a beaucoup servi pour composer la vie de *Corneille*.

Comme l'illustre Editeur a mis à la suite des piéces de *Pierre Corneille* deux tragédies de son frere *Thomas*, (*Arianne* & le comte d'*Essex*) nous croyons de voir tracer les principaux traits de la vie de cet Ecrivain estimable. Il n'aquit à Rouen en 1645, & il fut célébre dès sa jeunesse par son talent pour la Poésie Dramatique. Pendant qu'il étudioit en Rhétorique chez les Jesuites, il composa une piéce de Théâtre en vers latins que son professeur substitua à celle, qu'il devoit faire representer pour la distribution des prix. Son frere étoit alors à Paris, où il recueilloit les aplaudissemens du public; *Thomas Corneille* alla les partager. Son *Timocrate* enleva tous les suffrages, mais cette piéce est oubliée aujourd'hui & on ne joue plus qu'*Ariane* & le Comte d'*Essex*;

La premiere fut faite en quarante jours & fut représentée en 1674. On ne doit pas s'étonner, suivant M. de *Voltaire*, de cette rapidité dans un homme qui a l'haditude des vers, & qui est plein de son sujet. On peut aller vite, quand on se permet des vers Prosaïques, & qu'on sacrifie tous les personnages à un seul. Cette piéce est au rang de celles qu'on joue souvent, lorsqu'une Actrice veut se distinguer par un

Rolle capable de la faire valoir. La situation est très touchante. Une femme qui a tout fait pour *Théfée*, qui l'a tiré du plus grand peril, qui s'est sacrifiée pour lui, qui se croit aimée, qui mérite de l'être, qui se voit trahie par sa Sœur, & abandonnée par son Amant, est un des plus heureux sujets de l'antiquité ; mais dans cette piéce il n'y a qu'*Ariane*. Le reste de la Tragédie est foible. On y trouve cependant des morceaux très naturels & très touchans, & quelques uns même très bien écrits. On peut remarquer, dit l'Ecrivain déjà cité, qu'il y a moins de folécifmes & moins d'obfcurité que dans le dernieres piéces de *Pierre Corneille*. Le cadet n'avoit pas la force & la profondeur du génie de l'Aîné, mais il parloit fa langue avec plus de pureté, quoi qu'avec plus de foibleffe. C'étoit d'ailleurs un homme d'un très grand mérite, & d'une vaste littérature ; & si vous exceptez *Racine*, auquel personne ne doit être comparé. Il étoit le seul de son tems, qui fut digne d'être le premier au-dessous de son frere.

Le sujet du Comte d'*Essex*, tragédie représentée en 1678, est bien moins heureux que celui d'*Ariane*. La piéce est médiocre & par l'intrigue & par le stile ; mais il y a quelque intérêt, quelques vers heureux; & on l'a joué long-tems sur le même Théâtre où l'on représentoit *Cinna* & *Andromaque*. Les Acteurs & sur-tout ceux de Province, aiment à faire le rôle du Comte d'*Essex*, à paroître avec une jaretiere brodée au-dessous du genou & un grand ruban bleu en bandouliere. Le Comte d'*Essex* donné pour un Héros du premier ordre, persécuté par l'envie, ne laisse pas d'en imposer. On est touché ; on pleure quelquefois, & dans cet attendrissement, on n'examine pas si l'auteur a changé les faits & les caracteres, comme l'a fait *Corneille* ; si le stile est toujours pur & élégant ; si les passions y parlent le langage qui leur est propre. C'est ce qui est arrivé au Comte d'*Essex* ; on a été entraîné par la situation, & on n'a fait attention ni aux discours qui ne sont pas toujours nobles, ni aux bienséances, qui y sont très-souvent blessées.

Il y a encore deux ou trois Comédies de *Thomas Corneille* qui sont restées au théâtre, mais elles sont à l'égard des ouvrages de *Moliere* ce qu'*Ariane* & le Comte d'*Essex* sont à l'égard des piéces de *Racine*.

Corneille mourut à Andeli en 1709, à 84 ans ; ses grands travaux l'avoient rendu aveugle. L'Académie

Françoise & celle des Inscriptions lui ouvrirent leurs sanctuaires. *Lamothe Houdar*, qui lui succéda dans la premiere place, en fait ce portrait. Il est flatteur, mais il est vrai.

« Sage modeste, attentif au mé-
» rite des autres, & charmé de
» leurs succès ; ingénieux à excu-
» ser les défauts de ses concurrens,
» comme à relever leurs beautés ;
» cherchant de bonne foi des con-
» seils sur ces propres ouvrages &
» sur les ouvrages des autres ; don-
» nant lui-même des avis sinceres,
» sans crainte d'en donner de trop
» utiles ; ne trouvant pas même à
» combattre en lui cette basse ja-
» lousie tant reprochée aux Au-
» teurs ; voilà le modéle que j'ai
» à suivre. Croiroit-on que je peins
» un Poéte, si vous n'aviez encore
» parmi vous de pareils exemples.»

Les

Les principaux ouvrages de *Thomas Corneille* font 1°. fon *Théâtre* en 5 vol. in-12; on y trouve 36 Tragédies ou Comédies. On leur a appliqué ce mot de *Defpreaux* : *ah ! pauvre Thomas*, s'écrioit un jour ce Satyrique, *tes vers comparés avec ceux de ton frere aîné, font bien voir que tu n'eft qu'un cadet de Normandie.* Mais cette Saillie manque de juftefle à quelques égards. Il y a plufieurs piéces de *Thomas* qui font fort au-deffus pour la conftitution, pour la régularité & la verfification même, des mauvaifes Tragédies de *Pierre*.

On apprend au moins dans le cadet les regles du Théâtre, qu'il entendoit parfaitement, au lieu que celles de l'aîné font en tout fens des modéles qui feroit auffi dangereux d'imiter qu'il eft difficile de les lire. On dira en paffant que ces deux illustres freres furent toujours intimément unis, quoique l'humeur de *Pierre* fut un peu difficile. Ils avoient épousé les deux sœurs ; ils eurent le même nombre d'enfans ; ce n'étoit qu'une même maison, qu'un même domestique. Après vingt-un ans de mariage, les deux freres n'avoient point encore songé au partage des biens de leurs femmes, & il ne fut fait qu'après la mort de *Pierre Corneille*.

II. La traduction en vers des *Métamorphoses* & de quelques *Epitres d'Ovide* ; dont le stile est clair & facile, mais foible & dans le genre médiocre.

III. Des remarques sur *Vaugelas* imprimés avec celles de cet Auteur, & très-propres à les rectifier ; elles respirent la justesse & le goût.

IV. Un *Dictionnaire des Arts* pour

servir de suite à celui de l'Acadèmé Françoise, en 2 vol. in-fol. Quoique *Fontenelle* ait donné une Edition de cet ouvrage avec des augmentations considérables, on ne croit pas qu'il se réimprime jamais, parce que nous avons de meilleurs livres sur cette matiere.

V. Un *Dictionnaire Univerfel, Géographique & Hiftorique* en 3 vol. in-fol. ouvrage plein de fautes groffieres & de bévues, composé sur les lectures qu'on lui faisoit, & aussi inéxact pour l'ancien que pour le moderne. Les mêmes Articles s'y trouvent sous différens noms, & un changement dans l'orthographe suffit pour créer des nouvelles Villes & des nouvelles Rivieres. Enfin c'est un Edifice fait à la hâte, par un Architecte qui bâtit à tatons, & qui puise ses matériaux dans des chaumieres abandonnées.

ABRÉGÉ
DE LA VIE
DE RACINE.

RACINE (*Jean*) né à la Ferté-Milon en 1639, d'une Famille noble, fit ses premieres études à Beauvais avec beaucoup d'éclat. Il les continua à Port-Royal des Champs, où *Marie des Moulins*, sa Grand-Mere, s'étoit retirée pour faire son salut. Cette maison étoit l'azile de la piété, du sçavoir & du génie. M. le Maître, un des illustres Solitaires qui la composoient, se chargea de cultiver les dispositions naissantes du jeune *Racine*, qui dans moins de trois ans eut une connoissance assez étendue des Belles-Lettres grecques, latines & françoises.

Sa mémoire étoit prodigieuse; il apprenoit par cœur non-seulement quelques morceaux, mais des livres entiers, tels que les *Amours de Théagène & de Chariclée*, Roman Grec qu'il apprit mot pour mot, parce qu'il craignoit qu'on ne lui enlevât cet ouvrage. Son génie le portoit principalement à la Poésie & à la Poésie Dramatique. *Sophocle & Euripide* avoient tant de charmes pour lui, qu'il passoit les journées entiéres dans les bois de l'Abbaye à les méditer & à les placer dans sa mémoire.

La premiere Piéce qui le fit connoître fut son Ode intitulée la *Nymphe de la Seine*, qu'il composa à l'occasion du mariage du Roi. Cette

Ode qui annonçoit à la France un bon Poéte, le fit connoître à la Cour. *Colbert* lui envoya une gratification de cent louis de la part du Roi qui lui donna peu de temps après une penſion de 600. livres.

Racine fut obligé de quitter Paris vers ce temps-là pour ſe rendre à Uzès chez un de ſes oncles, Chanoine regulier & Vicaire-Général, qui vouloit l'engager dans ſon Ordre, pour lui reſigner un Prieuré qu'il poſſedoit. Le jeune Poéte ennivré des charmes des muſes, & des plaiſirs du monde, préféra une fortune médiocre dans la Capitale aux richeſſes, que le Cloître lui promettoit. Il revint à Paris pour entrer dans la carriére du Théâtre : la gloire du Cothurne excitoit ſon amour propre ; il fit jouer la *Thébaïde* ou les *Freres ennemis* en 1664 à l'âge de 24 ans. Ce coup d'eſſai d'un jeune homme, qui promettoit d'être un jour un grand Maître, fut bien reçu malgré ses défauts. *Moliere* auquel il avoit présenté une piéce intitulée *Théagene & Chariclée* lui donna l'idée de la *Thébaïde*. Ces deux illustres Auteurs étoient alors amis ; Ce fut *Moliere* qui l'engagea le premier à travailler pour le Théâtre, & il l'encouragea par un présent de cent louis. Il est triste pour l'honneur des lettres qu'ils ayent été brouillez depuis : de si grands génies, dont l'un avoit été le bienfaiteur de l'autre, devoient être unis d'une amitié éternelle. On prétend que la premiere source de cette désunion vint de *Racine*, qui tâchoit d'enlever à *Moliere* ses plus grands Acteurs & ses meilleures Actrices.

Ce qu'il y a de singulier dans la *Thébaïde*, c'est que presque tous les Auteurs meurent à la fin de la piéce, & que l'amour qui est le premier ressort des autres Tragédies de *Racine*, n'a que très-peu de part à celle-ci. Elle différe encore de ses autres piéces par la profusion des antithéses, des pointes & des faux brillans ; mais on y trouve de très-belles tirades & de beaux vers ; le Monologue de *Jocaste* dans le troisiéme Acte ; l'entrevûe des deux Freres dans le quatriéme, & le recit du combat dans le dernier ne pouvoient sortir que de la tête d'un bon Poéte. On a prétendu que *Racine* ayant fini sa Tragédie à la hâte, fit entrer presque en entier deux beaux recits de l'*Antigone* de *Rotrou*, & qu'il ne les ôta que lorsqu'il la fit imprimer, mais il est très-difficile de prouver ce plagiat, qui étoit d'ailleurs très-excusable dans un jeune homme, qui ne connoissoit pas encore toutes ses richesses.

Racine prit un vol plus élevé

dans l'*Alexandre*, & dans les Tragédies qui la suivirent, mais nous croyons devoir renvoyer l'examen de ces différentes piéces à la fin de cet Eloge historique. Le Théâtre en lui faisant des admirateurs, lui procura des censeurs & l'engagea dans des querelles. Le célébre *Nicole* publia vers ce temps-là ses *Visionaires* contre l'extravagant *des-Marets* de *St. Sorlin*; il y traitoit les Romanciers & les Poétes Dramatiques *d'empoisonneurs publics*. *Racine* crut que ces traits tomboient sur lui, & il s'arma pour les parer. Une lettre pleine de sel & d'esprit fut le premier signal de cette guerre de plume. *Dubois* & *Barbier d'Aucour* lui répondirent d'une maniere, assez mortifiante. Le jeune Athlete leur opposa une seconde lettre, aussi ingénieuse que la premiere, mais *Boileau* lui ayant fait sentir, qu'il attaquoit les plus honnêtes gens du monde, ses bienfaiteurs & ses maîtres, il la suprima & retira les exemplaires de la premiere. Ce ne fut pas le seul service que *Boileau* lui rendit; ce célebre Satirique se chargea d'être son *Aristarque*; il lui apprit à faire des vers difficilement. Ces deux grands hommes, liez par l'esprit & par le cœur, furent amis jusqu'au tombeau. Si quelques brusqueries dans la dispute altererent quelquefois leur amitié, ces nuages étoient bientôt dissipés.

Louis XIV, qui connoissoit leur mérite les combla l'un & l'autre de bienfaits, mais *Racine* plus doux, plus poli, plus flatteur que *Boileau*, jouit d'une faveur plus distinguée. On le regardoit comme le plus bel esprit de le Cour. *Henriette* d'Angleterre le choisit en 1670, pour mettre sur le Théâtre le sujet de *Bérénice*, & elle fit engager en même temps *Corneille* à travailler sur le même sujet. *Boileau* sentit combien il étoit défectueux, mais *Racine* se tira heureusement de ce mauvais pas, & sa piéce plût beaucoup à la Cour quoiqu'elle se reduisit suivant *Chapelle* à ce Vaudeville. *Marion pleure, Marion crie, Marion veut qu'on la Marie.* Sa faveur reçut une nouvelle force lorsque *Louis* XIV le chargea d'écrire son histoire conjointement avec *Boileau*. Quand les deux amis avoient fait quelque morceau interressant, ils alloient le lire au Roi chez Madame de *Montespan*. Ce Monarque aimoit extraordinairement à entendre lire *Racine* ; il lui trouvoit un talent singulier pour faire passer les beautés des Ouvrages qu'il lisoit dans l'Ame de ses Auditeurs.

Ce fût vers ce temps-là que *Racine* renonça au Théâtre. La Tragédie de *Phédre*, un de ses chef-d'œuvres, avoit essuié les critiques
les

les plus violentes & les plus injustes. La Religion vint le consoler dans ses amertumes ; il resolut de ne plus faire de vers ; il voulût même se faire Chartreux ; mais son Directeur, le croyant plus nécessaire au monde qu'au Cloître lui conseilla de fixer par le mariage un cœur que les plaisirs variez n'avoient pû fixer. Il épousa donc *Catherine de Romanet*, fille d'un Trésorier de France, dont le caractere doux & les mœurs sages firent la consolation de sa vie.

Le premier soin de *Racine* en changeant de vie, fût de se reconcilier avec les Solitaires de Port-Royal. Il fit d'abord la paix avec *Nicole*, & bientôt après avec *Arnauld*, & cette paix ne fut jamais violée. Les liaisons qu'il avoit avec ces grands hommes le firent soupçonner d'être Janseniste, & il fut obligé de se défendre serieusement de cette accusation vidicule. On l'appuyoit sur ces vers de *Phédre* :

> Vous aimez ; on ne peut vaincre sa destinée ;
> Par un charme fatal vous fûtes enchaînée.

N'est-ce pas là évidemment, disoient les Jésuites, un juste à qui la grace a manqué ? *Louis* XIV qui auroit du fermer ses oreilles à de telles absurdités se laissa prévenir par la piété de ceux qui les debitoient.

Racine avoit renoncé à la Poésie par la Réligion ; & la Religion l'y ramena. Madame de *Maintenon* avoit fait de St. *Cyr* le séjour de la vertu & de l'esprit ; elle demanda à *Racine* une Tragédie chretienne, & le Poéte fit *Esther*. Cette piéce fut représentée en presence de toute la Cour par les Demoiselles de St. *Cyr*, que l'Auteur avoit formées lui même à la déclamation ; Elle eût le succès le plus brillant. *Racine* le dût moins au mérite de la piéce, qu'aux applications malignes qu'elle occasionna. *Esther* étoit, suivant les Courtisans, Madame de *Maintenon* & l'orgueilleuse *Vasti* Madame de *Montespan*. Le Poéte fit en même temps quatre Cantiques pour les Eleves de St. *Cyr*, que le Roi fit executer plusieurs fois devant lui. A ces paroles

<blockquote>
Mon Dieu, quelle Guerre cruelle
Je trouve deux hommes en moi!
</blockquote>

Il se tourna vers Madame de *Maintenon*, en lui disant: Madame voilà deux hommes que je connois bien.

Athalie composée après *Esther* pour le même Théâtre, reussit beaucoup moins, quoique très superieure a l'autre. *Racine*, dans le premier mouvement des regrets que lui causoit la froideur du public, s'en plaignit à *Boileau*, qui lui soutint qu'*Athalie* étoit son chef-d'œuvre. *Je m'y connois*, lui disoit-il, *& le public y reviendra*; il y revint en effet, mais vingt-ans après la mort de *Racine*. Les censures furent pour sa personne, & la gloire pour son ombre. Ce ne fut fut que sous la Regence du Duc d'*Orléans*, que cette admirable piéce reçût le tribut d'Eloges qu'elle méritoit. On la représenta à la Cour par l'ordre de ce prince, & tout ce qu'il y avoit de gens d'esprit & de goût s'accorda à lui donner le tître de chef-d'œuvre.

Racine, ayant renoncé totalement aux vers après *Athalie*, se bornoit à vivre en Chretien & en Citoyen. La misere du peuple, qui souffroit beaucoup dans les dernieres années de la guerre qui finit par la paix de *Risvick*, excita vivement sa pitié; il presenta un mémoire à ce sujet à Madame de *Maintenon*, qui ayant eu la foiblesse de nommer l'Auteur au Roi, n'eût pas assez de fermeté pour le défendre contre les injustes soupçons de ce Prince. *Louis* XIV, qui n'avoit reçu jusqualors que des louanges de *Racine*, & non des représentations, dit d'un ton chagrin à Madame de *Maintenon* : *parce qu'il sçait faire des vers croit-il tout sçavoir ! & parce qu'il est grand Poëte veût-il être Ministre ?*

Cette réponse fut un coup de Poignard pour le trop sensible *Racine*; il se livra aux réflexions les plus tristes. Sa mélancolie altera sa santé, & après des fiévres assez violentes il lui perça un abcès au foie qui lui donna la mort. Il termina saintement sa triste & Brillante carriere en 1699, à 59 ans. *Louis* XIV, sensible à sa mort quoiqu'il en eût été en partie la cause, accorda à sa famille composée de sept enfans une pension de deux mille livres qui seroit partagée entre la veuve & les enfans jusqu'au dernier survivant.

Cet illustre Poéte annonçoit son esprit par sa phisionomie ; elle étoit ingenieuse, agréable, ouverte, & *Louis* XIV le citoit comme un des premiers hommes de sa Cour en ce genre. La douce chaleur de sa conversation & sa politesse insinuante lui gagnoient tous les cœurs ; il étoit naturellement volupteux, jaloux inquiet, railleur & malin, mais la Réligion le corrigea d'une partie de ces défauts.

Les piéces Dramatiques de *Racine* sont. I. La *Thébaïde*, ou les *Freres ennemis*, dont nous avons déjà parlé, comme d'un ouvrage assez foible, mais où l'on entrevoit des lueurs de génie.

II. *Alexandre*, Piéce qui fût repreſentée vers la fin de 1665. On prétend que l'Auteur l'ayant donnée à la Troupe de *Moliere*, qui ne ſçavoit guere jouer que le comique, elle tomba à la premiere repréſentation, mais elle ſe releva glorieuſement de cette chute à l'Hôtel de Bourgogne, où elle fût jouée enſuite. On prétend encore que *Racine* l'ayant montrée à *Corneille* avant que la livrer au Théâtre, ce pere de la Scéne Françoiſe, plus grand Poéte que bon juge, loüa le talent du jeune Auteur pour les vers, en lui annonçant qu'il n'en avoit aucun pour la Tragédie. Le caractere d'*Alexandre* qui eſt entierement défiguré, celui de *Porus* qui ſemble l'eclipſer, l'inſipide amour qui domine dans toue la piéce, la verſification ſemée de pointes & qui ſort quelquefois de la ſimplicité tragique purent faire porter ce jugement à *Corneille* ; mais il auroit dû ne pas fermer les yeux à plufieurs morceaux très pathétiques, & qui prouvent que *Sophocle*, naiffant avoit trouvé la véritable route du cœur.

III. *Andromaque*, donnée à l'Hôtel de Bourgogne en 1667, fe concilia tous les fuffrages. Le Comédien *Motfleury* fit de fi grands efforts, pour repréfenter les fureurs d'*Orefte* qu'il en mourut. La *Mariamne* de *Triftan* avoit auffi couté la vie à *Mondori*. L'efpace immenfe, qui fe trouve entre la *Thébaïde* & *Andromaque* frappa & affligea les ennemis de *Racine*. Tous les infectes du Parnaffe aiguiferent leurs traits ; on joua contre lui en 1668 une Comédie en trois actes en profe intitulée *la Folle querelle*, qui à la honte du goût attira tout Paris. *Racine* attribua cette rapfodie qui étoit d'un miserable barbouilleur, nommé *Subligni*, à l'excellent *Moliere*, & cette imputation acheva de mettre la mesintelligence entre ces deux grands hommes. Les injustes critiques d'*Andromaque* ont disparu, & la Tragédie reste comme une piéce pathétique, élégante & forte à quelques Scénes de coquéterie près, dont le vice même est deguisé par les charmes de la plus belle poésie & par l'usage le plus heureux qu'on ait jamais fait de la langue Françoise. *Racine* dût la perfection de son stile à *Boileau* & à ses ennemis. Il n'y a dans cette piéce nul personnage Episodique, ainsi que dans *Alexandre* il n'avoit mis aucun confident; & les quatre interêts des principaux personnages se réunissent à un seul interêt où pour mieux dire à une seule action.

IV. Les *Plaideurs* Comédie en

trois actes en vers, jouée en 1668 à l'Hôtel de Bourgogne, & assez mal reçue du public, presque toûjours injuste. *Moliere*, surpris que les spectateurs ne sentissent ni le sel de la raillerie, ni la finesse du ridicule qu'on y jette sur les suppots de la chicane, eut la générosité de dire ouvertement, que *ceux qui s'en mocquoient méritoient qu'on se mocqua d'eux*. La Cour en jugea de même; *Louis* XIV y rit beaucoup, & la piéce eût ensuite le plus grand succès. C'est la seule piéce comique de *Racine*, dont le genie se plioit à tous les genres. Elle est imitée des guépes d'*Aristophane*, mais que la copie est au-dessus de l'original! Un procès que l'Auteur avoit eû à l'age de 22 ans pour le Prieuré regulier d'*Epinai*, qui lui fût enlevé par un concurrent, fût la premiere origne de cette piéce à laquelle eurent part, dit-on,

Despreaux & le Medecin *Mauvilain*, ami de *Moliere*.

V. *Britannicus*, Tragédie jouée en 1669, & qui tomba à la huitiéme représentation, parce qu'elle avoit paru un peu froide. Ce défaut se faisoit sentir sur-tout dans le cinquiéme acte, que l'Auteur refit ensuite. *Neron* qui se cache derriere une tapisserie pour écouter, parût aux yeux des spectateurs un petit maître François & non un Empereur Romain. On trouvoit que deux Amans dont l'un est aux genoux de l'autre, & qui sont surpris dans cette posture, formoient un coup de Théâtre plus digne de l'Opéra comique que de la Tragédie. Les interêts d'*Agripine*, qui veut seulement avoir le premier crédit, sembloient plus propres à des petites intrigues de cour qu'à une Tragédie. *Narcisse* n'étoit qu'un scelerat odieux. *Britannicus* & *Junie* étoient regardés comme des personnages foibles. Mais lorsque les connoisseurs eurent fait revenir le public, on admira cette piéce qu'on avoit dédaignée. La cour de *Néron* y parût peinte avec toute l'énérgie de *Tacite* exprimée dans des vers dignes de *Virgile*. On comprit que *Britannicus* & *Junie* ne devoient pas avoir un autre caractere ; ces deux personnages interesserent par leur âge, par leur douceur, par leur infortune passée & leur perils présens. On démêla dans *Agripine* des beautés vraies, solides, qui ne sont ni gigantesques, ni hors de la nature. Le développement du caractere de *Neron*, qui passe de la vertu au crime, & du crime au dernier des forfaits, fût regardé comme le chef-d'œuvre de l'Art. Enfin on convint que le rolle de *Burrhus*, homme austere au milieu d'une Cour corrompuë, étoit admirable

mirable d'un bout à l'autre, & qu'il n'y a rien de pareil dans toute l'antiquité. Ces beaux vers.

Il excelle de conduire un char dans la carriere, &c.

Eurent l'avantage de corriger *Louis* XIV; & depuis la repréſentation de *Britannicus* ce Monarque, qui avoit quelquefois danſé dans les Ballets; renonça à cet exercice.

VI. *Bérénice*, Tragédie jouée en 1671, eût trente repréſentations de ſuite & toutes les fois qu'il s'eſt trouvé un Acteur & une Actrice, capables d'intereſſer dans les rolles de *Titus* & de *Bérénice*, cet ouvrage, qui n'eſt peut-être pas une Tragédie, a excité les applaudiſſemens les plus vrais, c'eſt-à-dire les larmes. Toutes la piéce eſt fondée ſur ces quatre mots *Titus Berenicem dimiſit invitus invitam*; mais l'Auteur tire les choſes les plus touchantes d'une ſituation qui eſt toujours la même ; il trouve de quoi attendrir, quand on croiroit qu'il n'a rien à dire. Il voit dans l'incident le plus simple le developpement du cœur humain. Dans le dernier acte, qui n'eſt que le reſumé des quatre précédens, tout paroit neuf par les beautés de detail & par le charme inexprimable ; qui regne presque toûjours dans la diction. Il paſſe ſans efforts de l'Imitation de *Tacite* à celle de *Tibulle* & il reſulte de cette imitation un plaiſir enchanteur. On prétend qu'un Seigneur ayant demandé au grand Condé ſon ſentiment ſur cette Tragédie, il repondit par ces deux vers pris de la piéce même :

Depuis deux ans entiers, chaque jour je la vois,
Et crois toujours la voir pour la premiere fois.

VII. *Bajazet*, Tragédie repréſentée en 1672. eſt digne de la précédente. C'étoit une nouveauté au Théâtre que de voir mettre sur la Scéne une Histoire si recente; car *Bajazet* étoit Oncle de l'Empereur des Turcs regnant alors, & d'*Achmet* son successeur, qui ne mourût qu'en 1695. Le sujet est la conspiration du Visir qui entreprit de mettre sur le Trône *Bajazet* à la place d'*Amurat* son frere. Le caractere de ce Visir est, suivant les connoisseurs, le dernier effort de l'esprit humain, & la beauté de la diction le releve encore; pas un seul vers ou dur ou foible; pas un mot qui ne soit le mot propre; jamais de sublime hors d'œuvre, qui cesse d'être sublime; jamais des dissertations étrangeres au sujet; toutes les convenances parfaitement observées; enfin ce rolle est d'autant plus admirable, qu'il se trouve dans la seule Tragédie où l'on pouvoit l'introduire, & qu'il auroit été deplacé par-tout ailleurs. Le caractere d'*Atalide* ne mérite pas moins d'éloges ; la délicatesse de ses sentimens, les combats de son cœur, ses craintes ses douleurs développent mieux les replis de l'Ame que tous nos Romans. L'exposition de la premiere Scéne est un modele inimitable ; l'interêt va toûjours en croissant, & la curiosité du spectateur est agréablement suspenduë jusqu'à la fin de la piéce.

VIII. *Mithridate*, Tragédie jouée en 1673, est une preuve que *Racine* auroit pu luter contre *Corneille* dans la politique. Le rôle de *Mithridate* amoureux est à la vérité un pou ridicule ; un vieillard jaloux de ses deux enfans, est un vrai personnage de Comédie, & la maniere dont il arrache son secret à *Monime* est petite & ignoble : mais que ce fond est enrichi & annobli par les reproches que *Mithridate* se fait de sa foiblesse ! que son rôle est beau & théâtral ! Occupé de sa haine pour Rome ; grand dans l'adversité, plein de courage au milieu de ses malheurs, violent, emporté, jaloux, cruel, son caractere est un mélange de vertus & de vices infiniment propre au Théâtre. Nous ne parlons point du stile ; il est à la fois sublime & touchant.

IX. *Iphigénie*, jouée en 1674, est de toutes les piéces de *Racine* celle qui a le plus fait verser des pleurs. M. de *Voltaire* la regarde comme le chef-d'œuvre de la Scéne Françoise. *Eschile*, *Sophocle* & *Euripide* traiterent ce sujet, mais suivant *Despreaux* dans son Epitre à *Racine*

> Jamais Iphigénie en Aulide immolée,
> Ne couta tant de pleurs à la Gréce assemblée
> Que dans l'heureux spectacle à nos yeux étalé
> En a fait sous ton nom verser la Champmelé.

Veut-on de la grandeur ? on la trouve dans *Achille*, mais telle qu'il la faut au Théâtre, nécessaire, passionnée, sans enflure, sans déclamation. Veut-on de la vraie politique ? tout le rôle d'*Ulisse* en est plein, & c'est une politique parfaite, uniquemeut fondée sur l'amour du bien public. Elle est adroite ; elle est noble ; elle ne disserte point ; elle augmente la terreur. *Clitemnestre* est le modéle du grand pathétique ; *Iphigénie* celui de la simplicité, noble & intéressante.

La piéce est bien conduite dans toutes ses parties ; les événemens enchaînez avec art ; les Episodes étroitement liés à l'action ; le dénouement bien amené. Cette Tragédie est une de celles que le fameux *Riccoboni* conserve pour le Théâtre reformé, dont il a imaginé le projet, parce que l'amour d'*Achille*, qui a tous les caracteres de l'amour conjugal, est moins une foiblesse qu'un devoir. Le *Clerc* &

Coras, ridiculement jaloux de *Racine*, donnerent environ six mois après une repréſentation de ſon *Iphigénie*, une autre piéce ſous ce nom, qui n'eſt connue que par cette Epigramme:

Entre le *Clerc* & ſon ami *Coras*,
Deux grands Auteurs, rimans de compagnie,
N'a pas long-temps s'ourdirent grands débats
Sur le propos de leur *Iphigénie*.
Coras lui dit, la piéce eſt de mon crû:
Le *Clerc* répond, elle eſt mienne & non vôtre.
Mais auſſi-tôt que la piéce a paru,
Plus n'ont voulu l'avoir fait l'un ni l'autre.

X. *Phédre* jouée en 1677, le chef-d'œuvre de l'eſprit humain & le modéle éternel, mais inimitable de quiconque voudra écrire en vers, ne fut pas applaudie d'abord comme elle auroit dû l'être. La *Phédre* de *Pradon*, piéce pitoyable, mais étayée par une nombreuſe cabale, ſembla faire chanceler celle de *Racine*, qui ſe répentît en ſecret d'avoir été quelque-temps aux priſes avec un tel Adversaire. Le public ne fut pas long-temps la dupe de ce complot, mais on n'oublia rien pour l'entretenir dans son erreur. Madame Des-Houlieres, amie particuliere de Pradon, fit ce Sonnet contre la *Phédre* de *Racine*

> Dans un fauteuil doré, *Phédre* tremblante & blême,
> Dit des vers où d'abord personne n'entend rien;
> Sa Nourrice lui fait un sermon fort chrétien,
> Contre l'affreux dessein d'attenter à soi-même.
> Hypolite la hait presque autant qu'elle l'aime,
> Rien ne change son cœur, ni son chaste Maintien,
> La Nourrice l'accuse, elle s'en punit bien,
> Thesée a pour son fils une rigueur extrême.
> Une grosse aricie, au cuir rouge, aux crins blonds,
> N'est-là que pour montrer deux énormes tetons,
> Que malgré sa froideur, Hypolite idolâtre.
> Il meurt enfin traîné par les Coursiers ingrats,
> Et *Phédre*, après avoir pris de la mort aux rats,
> Vient en se confessant mourir sur le Théâtre.

Racine & *Despréaux* attribuerent ce Sonnet au Duc de *Nevers* & le parodierent contre lui, mais après la premiere chaleur de cette querelle, on ne parla ni des Satyres de Me. *Des-Houlieres* ni des sotises Dramatiques de *Pradon*. Le vaincu sembla se consoler de la victoire de son competiteur ; en disant que sa piéce ne lui avoit coûté que trois mois & que celle de son rival étoit le fruit de deux ans de soins ; mais qu'importe au Public le plus ou le moins du travail de l'auteur, pourvû que l'ouvrage soit bon ? Celui de *Racine* est admirable , & il la donnoit pour la meilleure de ses piéces. *Phédre* est le personnage le plus tragique qu'il y ait sur aucun Théatre ; elle aime , mais son amour est combattu par les remords ; elle se fait plus de reproches que le mari le plus austere ne pourroit lui en faire ; la seule pensée du crime lui fait autant d'horreur que le crime ; enfin le grand *Arnauld* ne trouva à reprendre dans cette piéce que l'amour d'*Hyppolite*. *Racine* ne s'étoit point dissimulé cette faute, mais il fut entraîné par le mauvais goût de son siécle : *qu'auroient pensé les petits Maîtres*, disoit-il, *d'une Hyppolite ennemi de toutes les femmes ?* Quant à la versification, elle est aussi belle que la piéce. Le quatriéme livre de l'*Eneïde* de *Virgile* n'a pas plus d'élégance. *Racine* dans la force de son âge, (il avoit 38 ans) né avec un cœur tendre, un esprit flexible, une oreille harmonieuse donnoit à la Langue françoise un charme, qu'elle n'avoit point eu jusqu'alors. Ses vers entroient dans la mémoire des spectateurs, comme un jour doux dans des yeux délicats ; jamais les nuances des passions ne furent exprimées avec un coloris plus naturel & plus vrai ; jamais on ne fit de vers plus coulans & en même-temps plus exacts.

XI. *Esther*, Tragédie representée par les Demoiselles de St. Cyr pendant le Carnaval de 1689 ; elle étoit alors en cinq Actes, avec des chœurs & des chants liéz à l'action principale. Les Comédiens la reduifirent enfuite en trois Actes, fuprimerent tout le chant, & ne conferverent que bien peu de chœurs. C'eft dans cet état qu'ils la donnerent au public en 1721, mais elle ne fit que très peu d'effet. Le ftile eft pur & élégant ; il eft même quelquefois touchant & fublime : pourquoi donc le Théâtre fut-il defert après la huitiéme repréfentation ? c'eft que le fujet n'eft point Théâtral, c'eft qu'un changement de refolution de la part d'*Affuerus* n'eft point une action, c'eft que cet *Affuerus* n'intereffe pas ; c'eft que le ftile ne fuffit pas fur la Scéne, il faut des fituations.

XII. *Athalie*, Tragédie jouée par les Demoifelles de St. Cyr en 1691 avec les ornemens & les Chœurs qui furent mis en musique par *Moreau* Auteur de ceux d'*Esther*. Cette piéce fut depuis jouée à Versailles en 1702, & Madame la Duchesse de *Bourgogne* y joua le Rolle de *Josabeth*, mais elle ne parut sur le Théâtre François qu'en 1716. Ce qui manque à *Esther*, se trouve dans *Athalie*; le fonds est noble, intérressant, théâtral; point d'amour, point d'Episodes, point de confidans; & l'Auteur dénué de tous ces secours interesse autant que s'il les avoit eus. Il y a quelques longueurs; le Rolle de *Josabeth* est foible; mais quel Art n'a-t-il pas fallu pour attacher le spectateur jusqu'au bout dans une piéce traitée avec toute la simplicité grecque ? quelle force, quelle pompe, quelle élégance dans la versification ! quel beau contraste entre le Guerrier *Abner* & le Prêtre *Mathan*. Plusieurs gens de goût, touchez de tant de beautés

beautés, ont mis *Athalie* à la tête de tous les Poémes dramatiques, & son Auteur leur paroit le plus parfait de tous nos Poétes. Si on peut condamner en lui quelque chose, c'est de n'avoir pas toûjours mis dans l'amour toutes les fureurs tragiques dont elle est susceptible; de s'être quelquefois borné à la galanterie d'un courtisan François, & contenté d'une froide élégance ; de n'avoir que touché le cœur quand il pouvoit le dechirer; d'avoir été foible dans presque tous ses derniers Actes; mais tel qu'il est on le met au dessus des Grecs, des Romains & peut-être des François ; car nous ne dissimulerons point que plusieurs écrivains le préferent à *Corneille*. Ce poéte, il est vrai, est venu le premier ; il a tracé le chemin, mais son Rival n'a pas trouvé la route parfaitement applanie. Avoit-on l'idée de ce stile doux, harmonieux, toûjours élégant

G

avant *Andromaque* ? & si l'Art n'éxistoit pas avant *Corneille*, c'est à *Racine* à qui nous en devons la perfection. (*) Le génie de l'un pouvoit être supérieur ; il trouva plus d'obstacles à surmonter, mais les ouvrages de l'autre sont plus parfaits.

On a encore de *Racine* quelques ouvrages détachés qui ne sont pas sans mérite. 1°. Une *Idille* qu'il fit pour une Fête, que le Marquis de *Segnelai* devoit donner à Sceaux ; elle est pleine d'Images & de sentimens. 2°. Quelques Epigrammes très bien tournées, & dignes de *Marot* ; l'Auteur en avoit fait un grand nombre, qu'on brûla à sa mort ainsi que plusieurs Chansons. Il avoit beaucoup de génie pour le genre satirique, & peut-être plus que *Boileau*. On en peut juger par ces

(*) Voyez ci-dessous les Parallèles de *Corneille* & de *Racine*.

couplets contre Fontenelle après la représentation de sa Tragédie d'*Aspar*.

I

Adieu, ville peu courtoise,
Ou je crûs être Adoré.
Aspar est désespéré ;
Le Poulailler de Pontoise
Me doit ramener demain
Voir ma famille Bourgeoise ;
Me doit ramener demain,
Un bâton blanc à la main.

II.

Mon avanture est étrange :
On m'adoroit à Rouen.
Dans le *Mercure Galant*
J'avois plus d'Esprit qu'un Ange.
Cependant je pars demain
Sans Argent & sans Louange ;
Cependant je pars demain
Un bâton blanc à la main.

Racine fit aussi contre cette piéce une Epigramme qui est trop connue pour être placée ici. 3°. Une *Histoire de Port Royal*, dont on a publié la premiere partie ; elle est écrite avec beaucoup d'élégance & elle fait desirer la seconde, qui n'a point encore vû le jour. *Racine* étoit fort attaché à cette illustre maison & il fut un des Poëtes, qui repandirent des fleurs & des larmes sur le Tombeau du grand *Arnauld.*

ABRÉGÉ
DE LA VIE
DE CREBILLON.

CREBILLON (*Prosper Jo-lyot* de) nâquit à Dijon en 1674, de *Melchior Jo-lyot*, Greffier en chef de la Chambre des Comptes de cette Ville. Sa Famille étoit noble depuis *Philippe le Bon*, Duc de Bourgogne, qui recompensa par des Lettres de Noblesse deux freres *Jolyot*, qui avoient porté les armes avec distinction. Après avoir fait ses Humanités au Collége *Mazarin*, il fit son droit & fût reçu Avocat au Parlement; mais sans montrer aucun goût pour la Jurisprudence. Son Pere voulant lui faire tomber sa Charge l'envoya à Paris chez un Procureur pour s'y former à la pratique du Barreau. La nature ne l'avoit pas fait naître pour la chicane, & il ne put pas même en apprendre les termes. Livré aux passions de la jeunesse, passions que l'ardeur de son génie rendoient plus impétueuses, il ne voyoit *Prieur* (c'est le nom de son Procureur) que le moins qu'il pouvoit. Un jour qu'il comptoit aller à un bal, & qu'il s'étoit fort paré, une pluie affreuse le retint à la maison. *Prieur* qui étoit homme d'esprit profita de cette occasion, non pour lui faire des remontrances inutiles sur sa vie dissipée, mais pour sonder son génie. Comme il sçavoit que son pensionnaire fréquentoit beaucoup les Spectacles, il tourna la conversation sur nos Poétes dramatiques. Il ne lui fallut pas beaucoup de temps pour deviner que la dissipation extérieure du jeune *Crebillon* cachoit un grand homme; il lui proposa d'entrer dans la carriere du Théâtre. Après quelques résistances, le jeune Poéte choisit pour son coup d'essai la mort des enfans de *Brutus*. Les Comédiens la refuserent, & *Crebillon* désesperé renonça pour toujours aux Muses & à la Scéne tragique. *Prieur* l'y ramena peu à peu : il entreprit une autre Tragédie & cette piéce fut *Idoménée* représentée la premiere fois en 1705. Le succès de cette piéce le rendant moins timide, il donna *Atrée* en 1707. *Prieur* attaqué d'une maladie mortelle, se fit porter à la premiere représentation ; & le jeune Auteur étant allé le voir dans sa loge à la fin du Spectacle, il lui dit en l'embraſſant : *je meurs content ; je vous ai fait Poëte, & je laiſſe un homme à la Nation.*

Cependant le pere de *Crebillon*, mécontent de ce que ſon fils s'étoit conſacré à la Poéſie & non à la Juriſprudence, & de ce qu'il avoit épouſé la fille d'un Apoticaire ſans le conſulter, le deshérita en 1706. Mais l'année d'après 1707, année de ſa mort, il revoqua l'exhérédation. *Crebillon* rétabli dans ſon droit d'hérédité ne ſe trouva pas plus riche ; tout le bien que laiſſoit ſon pere fut ou vendu ou mis en décret, ſoit par ſa négligence, ſoit par ſon défaut d'intelligence dans les affaires.

Un nouveau malheur vint affliger ſa vie ; il perdit ſa femme, qui étoit pour lui une Amante, & une amie, & qui à une grande beauté joignoit des qualités eſtimables.

L'Académie Françoife ayant perdu M. de la *Faye* le remplaça par M. de *Crebillon*, qui fit fon remerciment en vers, quoique ce fut une chofe inufitée. Cette nouveauté plût & parce qu'elle étoit nouveauté, & parce que la piéce, qui fut prononcée à cette occafion avoit du mérite. Quelque-temps après, M. le Comte de *Clermont*, Prince ami de l'Humanité & des Arts, lui donna un logement au petit Luxembourg, & il ne ceffa depuis de lui prouver fa bienveillance par fes bienfaits. En 1735 on lui confia l'emploi de Cenfeur de la Police, qu'il exerça d'une maniere qui fatisfit le Miniftre de la Police, les Littérateurs & le Public.

Sa fortune devint meilleure, & fur-tout lorfque la Marquife de *Pompadour*, une des plus généreufes Protectrices du génie l'eut honoré de fes regards. Elle l'engagea de faire jouer *Catilina* auquel il travailloit depuis vingt ans ; & elle obtint du Roi une penſion de cent piſtoles ſur ſa caſſette & une place à ſa Bibliothéque.

La vieilleſſe de *Crebillon* fut donc plus heureuſe que ſes premieres années ; il pouſſa ſa carriere fort loin, & il auroit peut-être pû la prolonger davantage, s'il avoit voulu obſerver quelque régime. Un éréſipelle aux jambes qui fluoit ſans ceſſe ayant tari vers la fin de 1761, il traîna encore pendant ſix mois ; enfin après quelques rechûtes il fut enlevé au Théâtre & à ſa Patrie le 17e. Juin 1762, à 88 ans & demi.

On ne peut s'empêcher d'entrer dans quelques détails ſur cet homme célébre ; ſon nom nous les fera pardonner. Il étoit grand, bien fait, avoit l'air fort noble & un très-beau caractere de tête, des grands yeux bleus & pleins de feu annonçoient, que ce n'étoit point un homme ordinaire. Ses sourcils, quoique blonds, étoient fort marqués & il les fronçoit souvent, de maniere à faire penser qu'il avoit fait *Atrée* & qu'il avoit dû le faire. Le fonds de son air étoit le sérieux & la mélancolie, mais il étoit fort gai avec ses amis particuliers. Quoique né fort impatient & un peu colere, il étoit fort doux, & très-aisé à vivre peut-être même trop dans ses dernieres années.

Sans être né sauvage, il aimoit la solitude, & des goûts assez bizares la lui rendoient encore plus chere. Entourée d'une trentaine de chiens & d'un pareil nombre de chats, fumant presque sans cesse, on l'auroit pris facilement pour un homme singulier. Son ton dans le monde étoit très éloigné du ton de ses ouvrages ; il n'y portoit presque que de la bonhommie. C'est en partie ce qui donna lieu à la Fable ridicule du Chartreux qui, suivant les malins, composoit les ouvrages, dont il étoit le prête nom.

Jamais la satire ne fut plus coupable qu'en l'attaquant ; car indépendamment de son mérite supérieur, il n'avoit jamais écrit contre personne. Un jeune homme lui ayant montré une critique peu mesurée de quelques écrivains estimables ; il la lui rendit avec indignation en lui disant : *Jugez à quel point la satire est méprisable, puisque vous y réussissez en quelque façon à votre âge.* La jalousie n'entra jamais dans son cœur ; il ne cabala pas plus contre les autres que pour lui même. M. de *Voltaire* ayant été obligé de lui presenter son *Oreste*, pour l'approuver comme censeur de la Police, commença par s'excuser, de ce qu'il avoit traité le même sujet M. de *Crebillon* lui dit poliment, *Monsieur,*
j'ai

j'ai été content du succès de mon Electre ; je souhaite que le frere vous fasse autant d'honneur, que la sœur me n'a fait. Son fils lui ayant demandé le jour de la premiere représentation de *Catilina*, des billets de parterre pour quelques uns de ses amis, il les lui refusa : *Je ne veux pas*, lui repondit-il, *qu'il y ait personne dans le parterre, qui se croye dans l'obligation de m'aplaudir.* On l'assura que ses billets ne lui obtiendroient pas grace, s'il n'en meritoit pas, & il en donna sans hésiter.

Lorsqu'il travailloit il s'agitoit ordinairement beaucoup & se promenoit avec vivacité dans toutes les piéces de son appartement, mais il n'est point vrai qu'il fermé ses fenêtres, & qu'il alluma des Bougies en plein jour. Comme il se rendoit quelquefois au Jardin du Roi pour travailler ; un Jardiner surpris des cris qu'il lui entendoit pousser,

H

& des mouvemens qu'il lui voyoit faire, alla le denoncer à M. du *Verney*, Professeur au Jardin Royal, comme un insensé, où comme un homme qui avoit fait un mauvais coup. Qu'elle fut la surprise du Professeur, lorsqu'il reconnut dans ce prétendu fou l'Auteur d'*Atrée*! On raconte un trait à peu près semblable sur *Racine*.

Ses ouvrages méritent une attention particuliere; mais ils ne sont pas en aussi grand nombre, qu'on pourroit se l'imaginer d'un homme qui est mort presque nonagenaire. Il commença tard; il étoit né paresseux; il vecut dans la dissipation depuis *Rhadamiste*; & il n'avoit de passion que pour les plaisirs. Il n'écrivoit même jamais ses pièces, que quand il falloit les donner au Théâtre. Sa mémoire étoit excellente, & lorsque on avoit fait une juste censure de quelque morceau de ses ouvrages, l'endroit qu'il fuprimoit, s'effaçoit totalement de fa tête & il n'y reftoit plus que la correction.

Cet illuftre poëte étoit bon Citoyen & bon fujet ; il reveroit le Roi comme fon maître, & il l'aimoit comme fon bienfaiteur. Ayant harangué ce Monarque au nom de l'Academie en 1744 & en 1745, il le fit avec une noble fermeté qui furprit quelques uns de fes amis. *Eh! pourquoi*, leur repondit-il *aurois-je été intimidé par la préfence d'un Prince, qui ne peut faire trembler fes fujets que de la crainte de le perdre.*

Les Tragédies de ce grand maître font. 1°. *Idomenée*, la plus médiocre de fes piéces, & dont l'intrigue approche trop de celle d'*Iphigénie en Auride*. Cette Tragédie a des beautés & des traits de grandeur, mais elle n'annonçoit point tout le fublime du génie de l'Auteur. Le ftile eft négligé & fouvent

H 2

barbare ; il fourmille de fautes contre la langue.

II. *Atrée & Thieste*. Ce sujet traité par *Seneque* ne fut pas adouci par *Crébillon* ; le rolle d'*Atrée* est un des plus tragiques qu'il y ait sur notre Théâtre. Le terrible, le Pathetique y regnent à un si haut point, qu'il fut décidé dès-lors, qu'il avoit un genre à lui : genre presque inconnu à *Corneille* & à *Racine*. La maniere de cette piéce est grande ; elle est fortement écrite ; la reconnoissance d'*Atrée* & de *Thieste* est frappante ; la terreur est à son comble au cinquiéme Acte. On se plaignit même que l'Auteur avoit offert un Spectacle trop effrayant. Les petits maîtres, accoûtumés aux Tragédies langoureuses, ne purent soutenir d'abord la Scéne de la coupe, mais tous les gens de goût convinrent que c'étoit là la veritable Tragédie. Le songe de *Thieste* fut généralement admiré ; & on le mit pour la force & pour la chaleur au-deſſus de celui d'*Atalie.*

III *Electre*, jouée en 1708, ne fut interrompue qu'après la quatorſieme repréſentation, à cauſe du grand froid qui obligea de fermer le Théâtre. Malgré les applaudiſſemens qu'on prodigua à cette piéce, l'on blama généralement l'Auteur d'avoir mis de l'amour dans ce ſujet terrible & il avoit déja fait cette faute dans *Atrée*. L'amour d'*Electre* eſt encore plus froid, quoique ſon rolle ſoit en général fort beau. Les rolles de *Palaméde* & d'*Oreſte*, la Scéne éloquente entre ces deux perſonnages ſont encore des beautés frappantes, mais elles ſont ternies par des complications Romaneſques, par des longueurs, par des deſcriptions trop fréquentes par un ſtile épique. On peut appliquer à la diction de cette piéce ce qu'on trouve dans *Candide* sur le stile d'un de nos Poétes tragiques, qui est certainement M. de *Crebillon* : *des propos interompus, de longues apostrophes aux Dieux, parce qu'on ne sçait point parler aux hommes, des maximes fausses, des lieux communs empoulés.* Ce sont sans doute ces taches, qui avoient si fort indisposé contre lui le Poéte *Rousseau* (*). On sçait qu'il ne menagea point l'Auteur d'*Atrée* dans ses Epigrammes & dans ses Epitres.

On est obligé d'avouer que *Despreaux* pensoit comme *Rousseau* & comme M. de *Voltaire* sur le stile de *Crebillon*. Un de ses amis s'étant avisé de lui lire *Rhadamiste*, lorsqu'il étoit dans son lit, n'attendant plus que l'heure de la mort, il l'interrompit après les trois premieres Scénes en lui disant: *Eh! mon ami, ne mourrai-je pas assez promptement! les Pradons dont nous nous sommes moc-*

(*) Voyez la fin du paragraphe suivant.

qués dans notre jeuneſſe, étoient des Soleils auprès de ceux-ci.

IV. *Rhadamiſte & Zénobie*, jouée au commencement de 1611, eſt une des Tragédies que l'on donne le plus ſouvent au Théâtre. Le caractere ſingulier de *Rhadamiſte*, la nobleſſe du rolle de *Zénobie*, la férocité noble & ſoutenue de *Pharaſmane*, la force, la Majeſté de la plus grande partie des vers de cette Tragédie la firent recevoir avec un traſport ſi vif qu'il s'en fit deux éditions en huit jours. Les Comédiens ayant été obligés de la ſuſpendre, parce que *Monſeigneur* mourut quand on la jouoit, cette interruption ne lui fut point funeſte & la piéce ſe ſoutint aux nouvelles repréſentations. On y reconnut la mains d'un grand maître, & ce ſujet, qui traité par un Auteur médiocre n'auroit été qu'une matiere ingrate, devint fecond en ſituations terribles sous la plume de *Crébillon*. *Rhadamiste* est peint avec des traits qui le rendent intéréssant, sans lui faire rien perdre de l'atrocité de son rolle ; jamais l'amour, la jalousie, la fureur n'ont été porté à cet excès. Tous les Actes sont pleins, liés, & nourris de ces feux, qui forment le grand caractere théâtral ; le cinquiéme sur-tout respire toute la vigueur tragique. Le denouement n'ait naturellement de l'intrigue ; la reconnoissance fait le plus grand effet ; quel est le cœur qui n'est pas touché du recit des malheurs de *Zénobie* ? tout est peint avec ce pinceau mâle & rapide du chantre d'*Achille*.

V. *Xercès*, Tragédie représentée en 1714 une seule fois, ne jouit du grand jour de l'impression qu'en 1741. La foiblesse du caractere de *Xercès* deplut ; la noire Sceleratesse d'*Artaban* ne parut pas assés bien voilée. On y vit de traits de force & de génie ; mais ils furent étouffés sous une fable froide & mal tissue, & sous les défauts du stile presque toûjours raboteux & incorrect. On a dit que *Xerxès* auroit aujourd'hui des aplaudissemens, s'il reparoissoit sur la Scéne; mais on croit que cette prédiction ne s'accompliroit point sur-tout si les spectateurs étoient des gens de goût.

VI. *Semiramis* fut joüée en 1717. & quoique mieux conduite que *Xerxès*, elle ne réussit guere davantage. *Bélus* est un caractere vraiment tragique ; il y a des Scénes où l'on trouve cette touche forte, ce coloris vigoureux, cette chaleur, que ne possederent pas toûjours *Corneille & Racine* ; mais elle offre aussi un grand nombre de détails qui ne sont pas heureux, des pointes ridicules, un amour qui emprunte trop souvent le langage doucereux de nos fades Romans. *Semiramis* dit en parlant d'*Agenor*.

>..... Le voilà ce vainqueur redoutable,
> Qu'un front sans ornement ne rend pas moins
>   aimable.
> Plus funeste pour moi que ceux qu'il m'a sou-
>   mis ;
> Il a traité mon cœur comme mes ennemis.
> Ma raison s'arme envain de quelques étincelles,
> Mon cœur semble grossir le nombre des rebelles.

La *Semiramis* de M. de *Voltaire* vaut infiniment mieux, quoique le sujet soit susceptible de peu d'intérêt, & qu'il n'y en ait pas beaucoup dans l'une & dans l'autre piéce ; mais il est presque toûjours un grand peintre ; il est éloquent en vers, & de cette éloquence qui charme l'esprit & qui parle au cœur ; toûjours pur, toûjours élégant, quelquefois foible, mais jamais déclamateur. On la revoit souvent sur le Théâtre, malgré l'ombre de *Ninus*, qui fit rire nos petits maîtres frivoles, mais qui excita la terreur dans les cœurs dignes de s'attendrir.

VII. Le fort de *Pyrrhus*, qui parut en 1746, fut beaucoup plus brillant que celui de *Semiramis*. Le plan marque de l'habileté & de la fécondité ; aucun héros n'y meurt ; elle a moins de ce terrible, qui est le caractere propre de *Crebillon* ; mais elle laisse dans l'ame des sentimens de générosité & de noblesse. L'intrigue est à la vérité trop compliquée, mais l'amour y est traité avec plus de dignité que dans ses autres piéces. La déclaration d'amour d'*Helenus* est digne d'un guerrier, qui ne connoît pas les propos de Ruelle. Le troisiéme Acte offre des situations touchantes. S'il y a des tirades de vers fort durs, il y en a aussi de très beaux, & le pinceau de *Michel-Ange* & de *Raphael* s'adoucit quelquefois entre ses mains.

VIII. *Catilina*, piéce qui lui couta vingt ans de travail, fut jouée en 1748 avec beaucoup d'aplaudissement. Les trois premiers Actes de cette pièce sont admirables, mais *Catilina* est trop grand & les autres personnages trop petits. *Ciceron* n'est qu'une Ame lâche, un cœur timide, tout est sacrifié à *Catilina*, qui montre presque toûjours plus d'emportement que de grandeur d'Ame; mais si on ne le fait pas agir avec mesure, on le peint toûjours avec force c'est *Saluste* mis en vers. Le stile est vigoureux énergique mais inégal, dur, sans élégance & sans correction, le ton boursouflé y domine & à cet égard M. de *Voltaire* a encore vaincu *Crebillon* dans sa *Rome sauvée*.

IX. Le *Triumvirat*, Tragédie jouée en 1754, eut huit représentations. *Crebillon* avoit alors 80 ans; son âge demandoit grace pour ses fautes; il y en a un assez grand nombre & dans le plan & dans le stile; mais il y a aussi de beaux morceaux

morceaux & de belles idées, & de ce nombre sont le tablr... des proscriptions & la tête de Cicéron découverte aux yeux de sa fille.

X. Il avoit eu l'idée de composer une Tragédie de *Cromwel*, mais il n'en fit que la plus grande partie de la premiere Scéne, & la harangue de *Cromwel*, en présentant l'Infortuné *Charles* I au Parlement qui le jugea. On prétend que M. le Regent lui fit défendre de continuer de travailler sur un sujet, qui ne paroît pas effectivement convenir au Théâtre françois; mais il y a plus d'apparence que la difficulté de le traiter le lui fit abandonner.

XI. A l'âge de 85 ans, il commença une Tragédie toute de son invention sous le titre de *Cléoméde*, & il en avoit fait les trois premiers Actes, lorsque la mort nous l'enleva. Il disoit à un de ses amis qu'il avoit encore *l'enthousiasme & le feu de ses premieres années.* On voit par ces particularités que M. de *Crebillon* aimoit le genre Tragique; mais il ne l'a point traité avec cette belle simplicité des Anciens qu'il n'estimoit pas assez. *Si j'avois quelque chose à imiter de Sophocle*, dit-il, dans une de ses Préfaces, *ce ne seroit assurément pas son Electre*. Je ne sçais cependant s'il auroit pû prendre de plus beaux modéles que les Tragiques Grecs. En se formant sur eux, il auroit renoncé à ces déguisemens, à ces reconnoissances, qui produisent quelquefois des situations touchantes, mais qui dégradent ordinairement la Tragédie, & qui décélent la petitesse d'un génie romanesque. Il auroit encore puisé dans les Poétes Grecs cette élégance, cette pureté, ce naturel si nécessaire & si négligé par lui. Son stile est très-souvent plus dur que fort, plus gigantesque que noble ; il tombe dans la déclamation dans l'amplification ; ſes Héros font moins occupés à parler qu'à débiter des lieux communs (*) & des maximes atroces, qui, quoique placées dans la bouche d'un ſcélerat, peuvent être fort dangereuſes.

Ses lumieres ſur la Tragédie égaloient ſon talent ; il avoit ſur cet Art des vûes ſûres & profondes. Il s'étoit propoſé de donner ſes réflexions au Public, mais pour cela il auroit fallu écrire, & il n'étoit pas facile de l'y déterminer. Il ſe faiſoit un plaiſir d'aider les jeunes Auteurs, en qui il appercevoit des diſpoſitions, il ſe donnoit même la peine de corriger leurs eſſais, s'ils étoient aſſez bons pour mériter cet honneur.

Nous avons une très-belle Edition de ſes ouvrages imprimée au Louvre in-4°. par ordre du Roi. Sa Majeſté ne s'eſt pas bornée à ce

(*) Voyez ci-deſſous un chapitre ſur les Dialogues en Vers.

bienfait ; touchée du mérite de notre *Eschile*, elle a chargé M. le Marquis de *Marigni* de lui faire élever un tombeau. Ce monument sera exécuté en marbre par le sçavant ciseau de le *Moine*. Nous finirons cet article par deux morceaux de Poésie, qui nous paroissent caractériser assez bien M. de *Crebillon* ; le premier est de M. d'*Aquin*, qui le composa pour être mis au bas de son portrait & le second est de M. de *Caux*, neveu de l'Auteur de *Marius*. Nous y joindrons le portrait de M. de *Crebillon* par M. l'Abbé de *Voisenon*, son successeur à l'Académie.

J'ai sçu peindre à l'Esprit *Atrée* & ses fureurs :
Je respire le sang, la vengeance & la haine.
Corneille instruit, surprend ; *Racine* émeut les
   cœurs ;
Moi sans leur rien devoir, je regne sur la Scéne,
Et donnant pour le crime une secrette horreur
J'excite la pitié, le trouble, & la terreur.

Dramatique nerveux, plein de force & de vie,

Crebillon déployoit l'ame de *Zénobie*,
Faisoit parler *Pyrrhus* dans toute sa grandeur,
D'*Electre* ensanglantoit la parricide ardeur,
Et traînoit sur ses pas l'horreur la plus funeste:
Le soleil reculoit au festin de *Thieste*;
La Scéne étoit ouverte aux fléaux des humains;
Jusqu'à *Catilina* tout brilloit dans ses mains.
Le Tragique laurier ceint sa tête immortelle.

Fragmens du Discours de M. de Voisenon élû à la place de M. de Crebillon à l'Académie Françoise.

Corneille avoit élevé l'humanité; *Racine* venoit de l'attendrir: M. de *Crebillon* s'ouvrit une route nouvelle. Hardi dans ses peintures, mâle dans ses caracteres, grand dans ses idées, énergique dans ses Vers, & terrible dans ses plans, il n'approcha de l'hippocréne, que pour teindre ses eaux de sang; & sans copier ni *Corneille* ni *Racine*, il adoucit les regrets qu'ils avoient laissés, & marcha presque leur égal.

Atrée & Thieste, ce chef-d'œuvre d'horreur, fit une impression si forte, qu'on détourna les yeux; on le lut, on l'admira ; mais on n'en soutint la représentation qu'avec peine ; & c'étoit le louer que de n'oser le voir.

Dans *Atrée*, le pere boit le sang du fils ; dans *Rhadamiste* le fils meurt de la main du pere ; & dans *Electre*, le fils assassine sa mere. Quel art ne falloit-il pas pour rendre supportables ces objets effrayans ? enfin *Crebillon* porta si loin le génie tragique qu'on craignoit pour son caractere. C'étoit mal le juger ; on trouvoit autant de douceur dans sa société que de force dans son pinceau.

JUGEMENT
DE M. DE VOLTAIRE
SUR LES TRAGÉDIES DE CRÉBILLON.

QUelques jours aprés la mort de l'*Echile* François, il parut une Brochure intitulée *Eloge de Crébillon*, in-8°. 1764. Cet Eloge étoit une critique très severe, mais très-éclairée. On l'attribua généralement à M. de *Voltaire*, & nous croyons que c'est avec raison. C'est ce qui nous engage à en donner un extrait.

Idomenée. On trouve quelques beautés dans cette piéce, mais elle n'est point restée au Théâtre ; L'intrigue en étoit foible & commune, la Diction lâche, & toute l'économie de la piéce trop moulée sur ce grand nombre de Tragédies languissantes, qui ont paru sur la Scéne & qui ont disparu.

Atrée avoit un caractere plus fier & plus original. Le 5e. Acte parut trop horrible ; il ne l'eſt cependant pas plus que le cinquiéme de la *Rodogune* de *Corneille*, mais le grand défaut d'*Atrée*, c'eſt que la piéce n'eſt pas intereſſante. On ne prend aucune part à une vengeance affreuſe méditée de ſang froid, ſans aucune néceſſité, pour un outrage fait il y a vingt ans. L'Auteur tombe encore dans le défaut tant reproché aux modernes, celui d'un amour inſipide. Ce qui a achevé de dégoûter à la longue de cette piéce c'eſt l'incorrection du ſtile. Il y a beaucoup de ſoleſciſmes & de Barbariſmes, encore plus d'expreſſions impropres, des vers bourſoufflés, d'images incoherentes, de mots vagues rebattus & ſans objet déterminé, de ſentences inutiles, de rimes oiseuses ou en épithétes. En général la piéce est écrite avec dureté ; les vers sont sans harmonie, la versification négligée ainsi que la langue.

Electre eût autant de repréfentations qu'*Atrée* ; mais elle eut l'avantage de rester plus long-tems au Théâtre. Le Rolle de *Palamede*, qui fut le mieux joüé, étoit aussi celui qui imposoit le plus. On s'apperçût depuis que ce Rolle de *Palamede* est étranger à la piéce, & qu'il avilit *Oreste* & *Electre*. L'intrigue paroit un Roman trop peu vraisemblable. On a sur-tout condamné la partie quarrée d'*Electre* avec *Itis*, fils de *Thieste*, de d'*Hiphianasse* avec *Thidée*, qui est ensuite reconnu pour *Oreste*. Ces amours sont d'autant plus condamnables, qu'il ne servent en rien à la Catastrophe ; on ne parle d'amour dans cette piéce que pour en parler. Il y a de belles tirades dans cette piéce, mais on souhaiteroit en général que la Diction fut moins vicieux, le Dialogue mieux fait, les pensées plus vraies; & que les vers eussent plus d'élégance d'harmonie & de liaison. Mais si le stile en général n'est pas châtié ; il y a des vers d'un grand Tragique. Les Rolles d'*Electre* & de *Palaméde* sont des morceaux très importans & la reconnoissance d'*Electre* & d'*Oréste* fait un grand effet.

Rhadamiste & la meilleure piéce de M. de *Crébillon*; elle est pleine de grands traits de force & de pathétique. On trouva, il est vrai, l'exposition trop obscure & l'amour d'*Arsame* trop foible; *Pharasmane* ressembloit trop à *Mithridate* amoureux d'une jeune personne, dont ses deux fils sont amoureux aussi. C'étoit imiter un défaut de *Racine*, mais le rolle de *Pharasmane* est plus fier & plus tragique que celui de

Mithridate, s'il n'eſt pas ſi bien écrit. Ce que les eſprits ſages condamnerent le plus dans cette piéce, ce fut une idée puerile de *Rhadamiſte*, qui attribue aux Romains un ridicule, dont ils étoient fort éloignés. Il ſuppoſe qu'il eſt choiſi par eux pour aller ſous un nom étranger en Ambaſſade auprès de ſon propre Pere pour ſemer la Diſcorde dans ſa famille. Un autre défaut c'eſt qu'à la fin de la piéce, *Arſame* voyant ſon frere *Rhadamiſte* en peril, & pouvant le ſauver d'un mot, ne révele point à *Pharaſmane* que *Rhadamiſte* eſt ſon fils. Il n'a qu'à parler pour prevenir un parricide; nulle raiſon ne le retient. Cependant il ſe tait uniquement pour ménager une ſurpriſe, qui devient puérile, parce qu'elle n'eſt nullement vraiſemblable. Cette piéce reſtera pourtant au Théâtre, & ce ſera peût-être la ſeule de toutes les piéces de l'Auteur, quoiqu'il y ait beaucoup d'expressions louches, obscures, impropres, vicieuses. On y trouve du Tragique, de l'intérêt, des situations, des vers frapans. La reconnoissance de *Rhadamiste* & de *Zenobie* plait beaucoup ; *Zenobie* est vertueuse & attendrissante ; son rolle est noble.

Xerxès est écrit & conduit comme les piéces de *Cirano* de *Bergerac*. On y trouve une foule de detestables maximes que *Cartouche* n'auroit osé prononcer, & qu'on met dans la bouche d'un Scélérat nommé *Artaban*.

Semiramis ne sera jamais reprise. Le défaut le plus intolérable de cette piéce est que cette Princesse, après avoir reconnu *Ninias* pour son fils, en est encore amoureuse ; & ce qu'il y a d'étrange c'est que cet amour est sans terreur & sans intérêt. Les vers de cette piéce sont très

mal

mal faits, la conduite infenſée, & nulle beauté n'en rachette les défauts.

Pyrrhus eſt aujourd'hui entiérement abandonné. Cette Tragédie vaut mieux que *Semiramis*; mais le ſtile en eſt ſi mauvais; il y a tant de langueur & ſi peu de naturel & d'intérêt, que vraiſemblablement on ne la repréſentera plus.

Catilina étoit trop barbarement écrit, & la conduite de la piéce trop oppoſée au caractere des Romains, trop bizarre & trop peu intéreſſante pour que tous les Lecteurs ne fuſſent pas mécontens. *Catilina* y parle au Sénat de Rome du ton, dont on ne parleroit pas au dernier des hommes. *Cicéron* y eſt entiérement avili. Ce grand homme conſeillant à ſa fille de faire l'amour à *Catilina* eſt couvert de ridicule d'un bout à l'autre de la piéce. L'Auteur ayant demandé à M. l'Abbé d'*Olivet* son sentiment sur cet endroit, ce sçavant Académicien lui répondit: *cet endroit est digne du reste & j'ai beaucoup de plaisir de voir Cicéron le mercure de sa fille.* Une courtisane nommée *Fulvie*, déguisée en homme, est encore une étrange indécence; les derniers Actes froids & obscurs achevent enfin de dégoûter les Lecteurs.

Le *Triumvirat* ne put pas obtenir grace; on l'écouta d'abord avec patience, mais bientôt la salle fut déserte.

Voilà le précis des jugemens que porte M. de *Voltaire* sur les Tragédies d'un de ses Rivaux. On l'a accusé d'appuyer sur les défauts, & de glisser sur les beautés; c'est au Lecteur impartial de juger, les piéces à la main, si sa critique a été trop rigoureuse.

Le célébre Auteur de cette brochure y a fait entrer une Digression sur les couplets de *Rousseau*, & cette Digression est relative à M. de *Crebillon*. Cet Auteur avoit perdu la place, qu'il prétendoit à l'Académie Françoise, par les deux brigues de la *Motte* & de *Rousseau*. Il fit contre la *Motte* & contre les amis de cet Auteur, qui s'assembloient au caffé de la veuve *Laurent* une Satyre, dans laquelle chacun d'eux étoit désigné sous le nom de quelque animal. La *Motte* étoit la Taupe, parce qu'il étoit déja menacé de perdre la vûe ; l'Abbé de *Pons* disgracié de la nature par l'irrégularité de sa taille, étoit le Singe ; *Danchet*, d'une assez haute stature, étoit le Chameau; *Fontenelle* par allusion à sa conduite adroite étoit le Renard. Cette Satyre manquoit de grace & de sel; on ne croit pas qu'elle ait été jamais imprimée. Il fit aussi cette Epigramme contre *Rousseau* qui sollicitoit la place de l'Académie

Quand poil de Roux faisant la quarantaine,
De ses poisons le Louvre infectera ;
En tel mépris cetui corps tombera,
Que *Pellegrin* y entrera sans peine.

Une Epigramme & une Satyre ne décident rien contre le caractere d'un Poéte, s'il n'a pas d'ailleurs la passion de la méchanceté. M. de *Crebillon* pouvoit se venger d'un ennemi ; mais cette vengeance passagere ne doit point lui faire perdre la gloire de n'avoir point souillé son talent par la Satyre. Il n'attaqua ni ses amis, ni ses bienfaiteurs, ni ses rivaux ; & c'est, ce me semble, tout ce qu'on peut attendre d'un homme qui fait des Vers. *Rousseau* n'avoit pas un tel caractere ; il ne se contenta pas de parler ainsi de M. de *Crebillon* dans son Epitre à *Marot*

Comment nommer ce froid Energumene,
Qui d'Hélicon chassé par *Melpomene*,
Me défigure en ses vers ostrogoths,
Comme il a fait Rois & Princes d'Argos.

Il le déchira d'une maniere affreuse dans ses infames couplets. Les noirceurs qu'il rima contre les mœurs de *Crebillon* firent assez de tort à celui-ci, & ne contribueront pas peu à lui fermer encore long-tems les portes de l'Académie. Cependant si M. de *Crebillon* avoit plus châtié son stile, M. de *Voltaire* ne balanceroit pas à le placer, malgré ses défauts, infiniment au-dessus de *Rousseau*; car si on doit proportionner son estime aux difficultés vaincues, il est certainement plus difficile de faire une Tragédie qu'une Ode. *Rousseau* se croyoit fort supérieur à *Crebillon*, dont il méprisoit le stile comme on peut en juger par cette Epigramme :

Cachez-vous Lycofrons antiques & modernes,
Vous, qu'enfanta le Pinde au fond de ses cavernes,
Pour servir de modéle aux Auteurs boursouflés.

Retirez-vous, Ronsard, Baïf, Garnier, Jodelle,
Et respectés des vers plus durs & plus enflés,
Que tous ceux de Coras, Boyer & la Chapelle.

PARALLELE
DE CORNEILLE ET DE RACINE
PAR M. DE FONTENELLE

CORNEILLE n'a eu devant les yeux aucun Auteur qui ait pû le guider ; *Racine* a eu *Corneille*. *Corneille* a trouvé le Théâtre François très-grosier, & l'a porté à un haut point de perfection ; *Racine* ne l'a pas soûtenu dans la perfection où il l'a trouvé.

Les caractères de *Corneille* sont vrais, quoiqu'ils ne soient pas communs ; les caractères de *Racine* ne sont vrais que parce qu'ils sont communs.

Quelque fois les caractères de *Corneille* ont quelque chose de faux, à force d'être nobles & singuliers ; souvent ceux de *Racine* ont quelque chose de bas à force d'être naturels.

Quand on a le cœur noble, on voudroit ressembler aux Héros de *Corneille* ; & quand on a le cœur petit, on est bien aise que les Héros de *Racine* nous ressemblent.

On remporte des piéces de l'un, le désir d'être vertueux ; des piéces de l'autre, le plaisir d'avoir des semblables dans ses foiblesses.

Le tendre & le gracieux de *Racine* se trouvent quelquefois dans *Corneille* ; & le grand de *Corneille* ne se trouve jamais dans *Racine*.

Racine n'a presque jamais peint que des François, & que le siécle présent, même quand il a voulû peindre un autre siécle & d'autres Nations ; on voit dans *Corneille* les Nations & tous les siécles qu'il a voulu peindre.

Le nombre des piéces de *Corneille* & beaucoup plus grande que celui des piéces de *Racine* ; Cependant *Corneille* s'eſt beaucoup moins répété lui-même que *Racine* n'a fait.

Dans les endroits où la verſification de *Corneille* eſt belle, elle eſt plus hardie, plus noble, & en même-tems auſſi nette & auſſi forte que celle de *Racine* ; mais elle ne ſe ſoûtient pas dans ce degré de beauté ; & celle de *Racine* ſe ſoûtient toûjours dans le ſien.

Des Auteurs inferieurs à *Racine* ont réuſſi après lui dans ſon genre ; aucun Auteur, même *Racine*, n'a oſé toucher après *Corneille* au genre qui lui étoit particulier.

PARALLELE

DE CORNEILLE ET DE RACINE

PAR M. LE MARQUIS DE VAUVENARGUES.

IL y a quelque-tems que j'écrivis à M. de *Voltaire* pour sçavoir ses sentimens sur ces grands hommes ; & il eut la bonté de marquer les endroits de *Corneille* qui méritent le plus d'admiration, pour repondre à la critique que j'en avois faite. Engagé par-là à relire ses meilleures Tragédies, j'y trouvai sans peine les rares beautés que m'avoit indiqué M. de *Voltaire*. Je ne m'y étois pas arrêté en lisant autre fois *Corneille*, refroidi ou prévenu par ses défauts, & né selon toute apparence, moins sensible au caractere de ses perfections. Cette nouvelle lumiere me fit craindre de m'être trompé encore fur *Racine* & fur les défauts mêmes de *Corneille* ; mais ayant relû l'un & l'autre avec quelque attention, je n'ai pas changé de penſée à cet égard, & voici ce qu'il me ſemble de ces hommes illuſtres.

Les héros de *Corneille* diſent ſouvent de grandes choſes, ſans les inſpirer ; ceux de *Racine* les inſpirent ſans le dire : les uns parlent, & toujours trop, afin de ſe faire connoître : les autres ſe font connoître parce qu'ils parlent. *Corneille* paroit ignorer ſur-tout que les grands hommes ſe caractériſent ſouvent davantage par les choſes qu'ils ne diſent point, que par celles qu'ils diſent.

Lorſque *Racine* veut peindre *Acomat*, *Oſmin* l'aſſure de l'amour des janiſſaires, ce viſir répond :

Quoi tu crois, cher *Oſmin*, que ma gloire paſſée
Flate encore leur valeur, & vit dans leur penſée ?

Crois-tu qu'ils me suivront encore avec plaisir,
Et qu'ils reconnoîtront la voix de leur Visir ?

On voit dans les deux premiers vers un Général disgracié, que le souvenir de sa gloire & l'attachement des soldats attendriffent fenfiblement ; & dans les deux derniers un rebelle qui médite quelque deffein. Voilà comme il échape aux hommes de fe caractérifer, fans aucune intention marquée. On en trouveroit beaucoup d'exemples dans *Racine* plus fenfibles que celui-ci : c'eft là fa maniere de peindre. Il eft vrai qu'il la quitte un peu, lorfqu'il met dans la bouche du même *Acomat*.

.... Et s'il faut que je meure ;
Mourons, mon cher *Osmin*, comme un Vifir ; Et toi.
Comme le favori d'un homme tel que moi.

Ces paroles ne font pas peut-être d'un grand homme ; mais je les cite parce

parce qu'elles semblent imitées du stile de *Corneille* : c'est-là ce que j'appelle en quelque sorte parler pour se faire connoître, & dire des grandes choses sans les inspirer.

Mais écoutons *Corneille* même ; c'est le Comte qui parle dans le *Cid* :

> Les exemples vivans sont d'un autre pouvoir ;
> Un Prince dans un livre apprend mal son devoir.
> Et qu'a fait après tout ce grand nombre d'années
> Que ne puisse égaler une de mes journées ?
> Si vous fûtes vaillant, je le suis aujourd'hui ;
> Et ce bras du Royaume est le plus ferme appui ;
> Grenade & l'Aragon tremblent, quand ce fer brille ;
> Mon nom sert de rempart à toute la Castille ;
> Sans moi vous passeriez bien-tôt sous d'autres loix,
> Et vous auriez bien-tôt vos ennemis pour Rois.
> Chaque jour, chaque instant pour rehausser ma gloire ;
> Met Lauriers sur Lauriers, Victoire sur Victoire.
> Ce Prince à mes côtés feroit dans les combats
> L'essai de son courage à l'ombre de mon bras ;
> Il apprendroit à vaincre, en me regardant faire.

L

Il n'y a personne aujourd'hui, qui ne sente la ridicule ostentation de ces paroles, & je crois qu'elles ont été citées long-tems avant moi. En voici que l'on loüe encore, & qui, n'étant pas aussi affectées, sont plus propres par cet endroit même, à faire illusion. C'est *Cornelie*, veuve de *Pompée*, qui parle à *César*:

> *César*; car le destin, que dans tes ferts je brave,
> M'a fait ta prisonniere & non pas ton esclave;
> Et tu ne pretens pas qu'il m'abbatte le cœur,
> Jusqu'à te rendre hommages & te nommer Seigneur.
> De quelque rude trait qu'il m'ose avoir frapée;
> Veuve du jeune *Crasse*, & Veuve de *Pompée*;
> Fille de *Scipion*, & pour te dire plus,
> Romaine, mon courage est encore au-dessus,
> &c. . . . .
> . . . .
> Je te l'ai deja dit, *César*, je suis Romaine,
> Et quoique ta captive, un cœur comme le mien,
> De peur de s'oublier ne te demande rien.
> Ordonne, & sans vouloir qu'il tremble, ou s'humilie,
> Souviens toi seulement que je suis *Cornelie*.

Et dans un autre endroit où la même *Cornelie* parle de *Céfar*, qui punit les meurtriers du grand *Pompée* :

> Tant d'interêts font joints à ceux de mon époux,
> Que je ne devrois rien à ce qu'il fait pour nous,
> Si comme par foi-même un grand cœur juge un autre,
> Je n'aimois mieux juger fa vertu par la nôtre,
> Et croire que nous feuls armons ces combattans
> Parce qu'au point qu'il eft j'en voudrois faire autant.

Il me paroît, dit encore M. de *Fénélon*, *dans la lettre déjà citée*, pag. 353, *qu'on a donné fouvent aux Romains un difcours trop faftueux...... Je ne trouve point de proportion entre l'emphafe avec laquelle* Augufte *parle dans la Tragédie de* Cinna, *& la modefte fimplicité avec laquelle* Suetone *le dépeint dans tout le détail de fes mœurs...... Tout ce que nous voyons dans* Tite-Live, *dans* Plutarque, *dans* Cicéron, *dans* Suétone, *nous repréfente les Romains comme des hommes hautains dans leurs fentimens, mais fimples, naturels & modeftes dans leurs paroles.*

Cette affectation de grandeur que nous leur prêtons, m'a toujours paru le principal écueil de notre Théâtre. Si l'on y vouloit réfléchir, on verroit que rien n'eft moins dans le caractere des grands hommes que ce ftile.

Je fçai qu'on a dit de *Corneille*, qu'il s'étoit attaché à peindre les hommes tels qu'ils devroient être. Il eft donc sûr au moins, qu'il ne les a pas peints tels qu'ils étoient. C'eft un grand aveu que cela. *Corneille* a crû donner fans doute à fes Héros un caractere fupérieur à celui de la Nature. Les Peintres n'ont pas eu la même préfomption ; lorfqu'ils ont voulu peindre les Anges, ils ont pris les traits de l'enfance ; ils ont rendu cet hommage à la nature, leur riche modéle ; c'étoit néanmoins un beau champ pour leur imagination ; mais c'est qu'ils étoient persuadés que l'imagination des hommes, d'ailleurs si féconde en chimeres, ne pouvoit donner de la vie à ses propres inventions. Si *Corneille* eut fait attention que tous les Panégyriques étoient froids, il en auroit trouvé la cause en ce que les Orateurs vouloient accommoder les hommes à leurs idées, au lieu de former les idées sur les hommes.

Mais l'erreur de *Corneille* ne me surprend point ; le bon goût n'est qu'un fin & fidéle de la belle nature, & n'appartient qu'à ceux qui ont l'esprit naturel. *Corneille* né dans un siécle plein d'affectation, ne pouvoit avoir le goût juste ; aussi l'a-t-il fait paroître, non-seulement dans ses ouvrages, mais encore dans les choix de ses modéles ; ayant préféré les Latins & l'enflure des Espagnols aux heureux Génies de la Gréce.

De-là ses antithéses affectées, ses négligences basses, ses licences continuelles, son obscurité, son emphase, & enfin ces phrases synonimes, où la même pensée est plus remaniée que la division d'un Sermon.

De-là encore ces disputes opiniâtres, qui refroidissent les plus fortes Scénes, où l'on croit assister à une Thése publique de Philosophie qui noue les choses pour les dénouer comme lorsque *Cinna* dit :

> Que le peuple aux Tirans ne soit plus exposé,
> S'il eut puni *Silla*, *César* eut moins osé

Car il n'y a personne qui ne prévienne la réponse de *Maxime* :

> Mais la mort de *César* que vous trouvez si juste
> A servi de prétexte aux cruautés d'*Auguste*
> Voulant nous affranchir *Brute* s'est abusé ;
> S'il n'eut puni *César*, *Auguste* eut moins osé.

Il faut avouer que ces jeux frivoles de raisonnement sont d'un goût encore bien barbare : cependant je supporte plus tranquillement le vice de ce stile, que la grossiere & factueuse petitesse que *Corneille* mêle quelque fois à la fierté de ses Héros. Par exemple, lorsque *Horace* quitte *Curiace* ; c'est-à-dire, dans une Scéne qu'on admire. *Curiace* parle ainsi d'abord :

Je vous connois encore, & c'est ce qui me tue ;
Mais cette âpre vertu ne m'étoit point connue.
Comme notre malheur elle est au plus haut
   point ;
Souffrez que je l'admire & ne l'imite point.

Horace, le Héros de cette Tragédie, lui répond :

Non, non n'embrassez pas de vertu par contrainte,
Et puisque vous trouvez plus de charme à la
   plainte,
En toute liberté goûtez un bien si doux,
Voyez venir ma sœur pour se plaindre avec vous.

Ici *Corneille* veut peindre apparemment une valeur féroce ; mais la férocité s'exprime-t-elle ainsi contre un ami & un rival modeste ? Ou plutôt dans les circonstances, où se trouvent ces deux Héros, le mépris affecté d'*Horace* n'est-il pas le langage d'une ostention grossiere & puérile ?

Me permettra-t-on de le dire ? il me semble qu'il manque à tous les caracteres de *Corneille*, d'ailleurs pleins de force, ces traits simples qui font sentir une grande étendue d'esprit. Ces traits se rencontrent en foule dans *Roxane*, dans *Agrippine*, *Joad*, *Acomat*, *Athalie*. Il étoit donné à *Corneille* de peindre les hautes vertus, mais il appartient à *Racine* de caractériser les esprits supérieurs, & de les caractériser sans raisonnement & sans maximes ; par la seule nécessité où naissent ces grands hommes, d'imprimer leur caractere dans leurs expressions. *Joad* ne se montre jamais avec plus d'avantage, que lorsqu'il parle avec une simplicité majestueuse & tendre au petit *Joas*, & qu'il semble cacher tout son esprit pour se proportionner à cet enfant : de même qu'*Athalie*. Corneille, au contraire, se guinde souvent pour atteindre à la grandeur, & fait des efforts si sensibles, qu'on diroit qu'elle ne lui est point naturelle.

Que dirai-je encore de la pesanteur qu'il donne quelque fois aux plus grands hommes ? *Auguste*, en parlant à *Cinna*, fait d'abord un exorde de Rhéteur. Remarquez que je prends l'exemple de tous ces défauts dans les Scénes les plus admirées.

 Prens un siége, *Cinna*, prends & sur toute
  chose.
 Observe exactement la loi que je t'impose,
 Prête sans te troubler l'oreille à mes discours,
 D'aucun mot, d'aucun cri n'en interromps le
  cours ;
 Tiens ta langue captive, & si ce grand silence
 A ton émotion fait quelque violence,

Tu pourras me répondre après tout à loisir,
Sur ce point seulement contente mon desir.

De combien la simplicité d'*Agri-pine*, dans *Britannicus*, est-elle plus noble & plus naturelle ?

Approchez-vous, *Neron*, & prenez votre place ;
On veut que sur vos soupçons je vous satisface.

Cependant lorsqu'on fait le Parrallele de ces deux Poëtes, il semble qu'on ne convienne de l'art de *Racine*, que pour donner à *Corneille* l'avantage du génie. Qu'on employe cette distinction pour marquer les caractere d'un faiseur de phrases, je la trouverai raisonnable ; mais lorsqu'on parle de l'art de *Racine*, l'art qui met toutes les choses à leur place & sçait les mesurer aux hommes ; l'art qui chasse les obscurités, les superfluités, les faux-brillans, l'art qui peint la nature dans sa perfection, libre, forte, feconde, aisée, pleine de sublime & de graces ; que peut-on penser d'un tel art, si ce n'est qu'il est le génie des hommes extraordinaires, & l'original même de ces regles que les Ecrivains sans génie embrassent avec tant de zéle & avec si peu de succès ? Qu'est-ce, dans la mort de *César*, que l'art des harangues d'*Antoine*, si ce n'est le génie d'un esprit supérieur & celui de la vraie éloquence ?

On trouve aussi des exemples dans *Corneille*, mais plus rares, de l'art dont je parle ; & s'il avoit écrit plus tard, on ne peut sçavoir à quelle perfection il auroit porté ses ouvrages; mais puisqu'ils ne sont pas purgés de la barbarie de son siécle, on peut croire qu'il n'avoit pas reçu de la nature ce génie supérieur aux erreurs de l'exemple, & qui semble fait tout exprès pour servir de modéle aux hommes. Tel peut-être que celui de *Pascal*, qui écrivoit les *Lettres Provinciales* dans le tems que *Corneille* donnoit ses chefs-d'œuvres.

Racine n'est pas sans défaut. On ne remarque pas dans ses écrits autant de force que d'élévation, autant de hardiesse que d'égalité. Plus sçavant encore à faire naître la piété que la terreur, & l'admiration que l'étonnement, il n'a pû atteindre au Tragique de quelques Poëtes. Nul homme n'a eu en partage tous les dons. Si d'ailleurs on veut être juste, on avouera que personne ne donna jamais au Théâtre plus de pompe, n'éleva plus haut la parole, & n'y versa plus de douceur. Qu'on examine ses ouvrages sans prévention ; quelle facilité ! quelle abondance ! quelle Poésie ! quelles images ! quelle pureté ! quel sublime dans *Athalie* ; quel art dans tout ce

qu'il

qu'il a fait ! quels caracteres ! mais sur-tout quelle magnificence d'expression, & en même-temps quelle simplicité !

Corneille a trouvé le Théâtre vuide, & a eu l'avantage de former le goût de son siécle sur son caractere. Racine a paru après lui & a partagé les esprits. S'il eut été possible de changer cet ordre, peut-être qu'on auroit jugé de l'un & de l'autre fort différemment.

Oui, dit-on ; mais *Corneille* est venu le premier, & il a créé le Théâtre. Je ne puis souscrire à cela. *Corneille* avoit des grands modéles parmi les Anciens, qu'il n'a pas peut être égalés. *Racine* ne l'a point suivi ; personne n'a pris une route, je ne dis pas plus différente, mais plus opposée : personne n'est original à meilleur titre. Si *Corneille* a droit de prétendre à la gloire des Inventeurs ; on ne peut l'ôter à *Racine* :

mais si l'un & l'autre on eu des Maîtres, lequel a choisi les meilleurs & les a mieux imités?

On reproche à *Racine* de n'avoir pas donné à ses Héros le caractere de leur siécle & de leur Nation: mais les grands hommes sont de tous les âges & de tous les pays. On rendroit le Vicomte de *Turenne* & le Cardinal de *Richelieu* méconnoissables, en leur donnant le caractere de leur siécle. Les ames véritablement grandes, ne sont-elles, que parce qu'elles se trouvent supérieures, par leur condition; à l'éducation & aux coûtumes: elles empruntent peu d'autrui; & si elles tiennent par quelques endroits aux préjugés de leur pays, on peut du moins les prendre dans un jour où elles n'offrent que les traits de la nature, leur mere commune.

Je reviens à *Racine*. Ne parlons pas des Tragédies foibles

de ce grand poëte ; *Alexandre*, la *Thébaïde*, *Bérénice*, *Esther*, dans lesquelles on pourroit citer encore des grandes beautés. Ce n'est pas par les essais d'un Auteur & par le plus petit nombre de ses ouvrages qu'on en doit juger, mais par le plus grand nombre & par ses chefs-d'œuvres. Qu'on observe cette regle avec *Racine*, & qu'on examine ensuite ses écrits. *Bajazet*, *Xipharés*, *Britannicus*, ces caracteres si critiqués, ont la douceur & la délicatesse de nos mœurs ; qualités qui on pû se rencontrer chez d'autres hommes, & n'en ont pas le ridicule, comme on l'insinue. Mais je veux qu'ils soient plus foibles qu'ils ne me paroissent ; quelle Tragédie a-t-on vuë ou tous les personnes fussent de la même force ; cela ne se peut : *Mathan* & *Abner* sont peu considérables dans *Athalie* ; & cela n'est pas un défaut, mais privation d'une beauté plus achevée. Que voit-on d'ailleurs de plus sublime que toute cette Tragédie ?

Que reprocher donc à *Racine* ? d'avoir mis quelque fois dans ses ouvrages un amour foible, tel peut-être qu'il est déplacé au Théâtre. Je l'avoue ; mais ceux qui se fondent là-dessus pour bannir de la Scène une passion si générale & si violente, passent, ce me semble dans un autre excès.

Les grands hommes sont grands dans leurs amours, & ne sont jamais plus aimable. L'amour est le caractere le plus tendre de l'humanité, & l'humanité est le charme & la perfection de la nature.

Je finis cette disgression & ce long parallele. *Corneille* concevoit plus fortement les choses ; *Racine* plus profondément & avec plus d'intelligence. Ce dernier est peut-être le plus beau génie que la France ait eu, & le plus éloquent de ses Poëtes.

A l'égard de *Corneille*, personne n'a de traits plus élevez & plus hardis ; personne n'a laissé l'idée d'un dialogue si serré & si véhément ; personne n'a peint avec le même bonheur l'inflexibilité & la force d'esprit qui naît de la vertu. De ces disputes mêmes que je lui reproche, sortent quelquefois des éclairs qui laissent l'esprit étonné, & des combats, qui veritablement élevent l'ame. Mais quand on a rendu justice à son génie qui a percé si souvent le goût barbare de son siécle, on ne peut s'empecher de rejetter dans ces ouvrages ce qu'ils retiennent de ce mauvais goût, & sert à les perpétuer dans les admirateurs trop passionnés de ce grand Maître.

Les gens du métier sont plus indulgens que les autres à ces défauts, parce qu'ils ne regardent qu'aux traits originaux & au génie de leur modéle, & qu'ils fentent toutes les difficultés & tout le prix de l'invention ; mais le refte des hommes juge des ouvrages, tels qu'ils font ; fans égard aux tems & aux Auteurs.

Pour moi, quand je fais la Critique de tant d'hommes illuftres, mon objet eft de prendre des idées plus juftes de leur carractere. Je ne crois pas qu'on puiffe raifonnablement me reprocher cette hardieffe, la nature a donné aux grands hommes de faire, & laiffer aux autres de juger.

Si l'on trouve que je releve davantage les défauts des uns que ceux des autres, je déclare, que c'eft à caufe que les uns me font plus fenfibles que les autres, ou pour éviter de répeter des chofes qui font trop connues.

Pour finir & marquer chacun de ces Poëtes par ce qu'ils ont eu de plus propre, je dirai que *Corneille* a émminement la force ; *Boileau* la justesse, la *Fontaine* la naïveté ; *Chaulieu* les graces & l'ingenieux *Moliere* les saillies & la vive imitation des mœurs, *Racine* la dignité & l'éloquence.

Ils n'ont pas ces avantages, l'exclusion les uns des autres ; il les ont seulement dans un degré plus éminent, avec une infinité d'autres perfections que chacun peut y remarquer.

OBSERVATIONS

SUR le jugement que M. de Voltaire & Madame de Sevigné ont porté de Corneille & de Racine, par M. Gaillard.

Les chefs-d'œuvres de *Corneille* sont (*) le *Cid*, *Horace*, *Cinna*, *Polyeucte*, la mort de *Pompée*, *Rodogune*, *Sertorius* & *Dom Sanche d'Aragon*; il y a de très belles choses dans *Sophonisbe*, dans *Théodore*, dans *Héraclius*, dans *Nicomede* & dans *Œdipe*. Mais ses dernieres piéces, aussi bien que ses premieres, lui ont fait peu d'honneur; ce grand génie a commencé trop-tôt & a fini trop-tard.

Voici le Jugement que l'Auteur du *Temple du Goût* en a porté:

(*) Voyez sur ces differentes piéces la vie de *Corneille*.

Ce grand, ce sublime *Corneille*,
Qui plut bien moins à notre oreille,
Qu'à notre esprit qu'il étonna.
Ce *Corneille* qui Crayonna,
L'ame d'*Auguste*, de *Cinna*,
De *Pompée* & de *Cornelie*,
Jettoit au feu sa *Pulchérie*,
Agésilas & *Suréna* :
Et sacrifioit sans foiblesse,
Tous ces enfans infortunés,
Fruit languissans de sa vieillesse,
Trop indignes de leurs aînés.
Plus doux, plus séduisant, plus tendre;
Et parlant au cœur de plus près,
Nous attachant sans nous surprendre,
Et ne se démentant jamais,
Racine observe les portraits
De *Britannicus*, d'*Hipolite*,
De *Bajazet* & *Xipharès* :
A peine il distingue leurs traits,
Tendres, galans, doux & discrets;
Et l'amour qui marche à leur suite,
Les croit des Courtisans François.

C'est donc la trop grande uniformité dans les caractères que l'on reproche à notre illustre *Racine*. En effet, il faut convenir que tous ses Héros se ressemblent un peu trop, & j'avoue que *Porus* lui-même me paroît plus Courtisan François, que Roi des Indes, lorsqu'il dit à *Axiane*.

> Qu'attendez vous, Madame,
> Pourquoi dès ces moment ne puis-je pas sçavoir
> Si mes tristes soupirs on pû vous émouvoir ?
> Voulez-vous (car le sort, adorable *Axiane*,
> A ne plus vous revoir peut-être me condamne.)
> Voulez-vous qu'en mourant un Prince infortuné,
> Ignore à quelle gloire il étoit destiné ?
> . . . .
> . . . . Ah, divine Princesse,
> Si vous sentiez pour moi quelque heureuse foiblesse,
> Ce cœur qui me promet tant d'estime en ce jour,
> Me pourroit bien encor promettre un peu d'amour.

Je ne parle point du héros de cette piéce, qui toûjours soupirant auprès de sa *Cléophile*, est plûtôt un *Alexandre-Paris*, qu'un *Alexandre le Grand*, Roi de Macedoine.

Mais après tout, j'ose soutenir que ce caractere doux & tendre que M. *Racine* a donné à presque tous ses Héros, & si aimable qu'on ne doit point lui en faire un crime;

& je demande à ceux que lui font ce reproche ; si, lorsqu'ils ont lu *Bajazet*, par exemple, ils sont ennuyés de revoir les mêmes sentimens dans *Hippolyte* & dans *Britannicus* ; si on veut parler de bonne foi, on m'avouera qu'on lit toutes les piéces de *Racine*, les unes après les autres, avec un plaisir toûjours vif & toûjours nouveau, & qu'il n'y a pas jusqu'à la longue Elégie de *Titus* & de *Bérénice* qui ne fasse verser des larmes ; ce n'est donc que par le raisonnement, & non point par le sentiment qu'on s'apperçoit de ce défaut de varieté ; ce défaut n'est donc point réel en fait de goût, ou du moins il est bien léger.

Je ne vois pas non plus quel si grand crime c'est, d'avoir un peu adouci le caractere de certains Héros, dont l'humeur farouche & sauvage eût été peu compatible avec nos mœurs, il est vrai que ce n'est point les peindre tels qu'ils doivent être pour intéresser & pour plaire.

Ainsi personne n'est choqué d'entendre *Bajazet* dire à sa chere *Athalide*.

> Plus vous me commandez de vous être infidéle
> Madame, plus je vois combien vous meritez,
> De ne point obtenir ce que vous souhaitez.
> Quoi ! cet amour si tendre, & né dans notre enfance,
> Dont les feux avec nous ont crû dans le silence,
> Vos larmes que ma main pouvoit seule arrêter,
> Mes sermens redoublés de ne vous point quitter,
> Tout cela finiroit pour une perfidie !

Ces expressions tendres & mille autres aussi passionnées n'en charment pas moins, pour être mises dans la bouche d'un Turc.

Mais s'il faut raisonner sur des ouvrages, dont le sentiment seul doit être l'arbitre, examinons de près les Héros de M. *Racine* ; confrontons-les, & nous verrons que cet homme inimitable a sçû mettre entre

entre eux des différences très-sensibles. *Achille* & *Britannicus* sont tous deux jeunes & tous deux amoureux ; il croient tous les deux avoir sujet de se plaindre de leurs Maîtresses, l'un parce qu'il la croit infidéle ; l'autre, parce qu'il trouve qu'elle n'entre point assez dans les mouvemens trop impetueux.

Voyez avec quelle douceur & quel respect se plaint *Britannicus*, & par quels transports au contraire le furieux *Achille* signale son mecontentement.

ACHILLE à IPHIGENIE

Madame, vous devez aprouver ma pensée,
Il faut que le cruel qui m'a pû méprifer,
Apprene de quel nom il osoit abufer.
. . . .
. . . .
Un cruel (comment puis-je autrement l'appeller ?)
Par la main de *Calchas* s'en va vous immoler ;
Et lorfqu'à fa fureur j'oppofe ma tendreffe,
Le foin de fon repos eft le feul qui vous preffe !
On me ferme la bouche ! on l'excufe ! on le plaint !

> C'est pour lui que l'on tremble, & c'est moi seul qu'on craint !
> Triste effet de mes soins ! est ce donc là, Madame.
> Tout le progrès qu'*Achille* avoit fait dans votre Ame ?

La douceur d'une Maîtresse est un écueil, contre le quel se brise toute la fureur d'un amant vif & emporté. L'aimable *Iphigénie* se défend avec tant de bonté, & tant de tendresse, qu'*Achille* desarmé, s'écrie avec sa vivacité ordinaire :

> Ah ! si je vous suis cher ; ma Princesse, vivez.

Dans un autre Scéne, *Achille*, plein d'ardeur, vient arracher *Iphigénie* à la mort ; cette Princesse toûjours vertueuse au milieu de sa disgrace, & toûjours soumise aux ordres de son pere, refuse le secours qui lui est présenté ; *Achille* désespéré de ce refus, reprend toute sa colere.

Eh bien ! n'en parlons plus. Obéissez cruelle,
Et cherchez une mort qui vous semble si belle ;
Portez à votre pere, un cœur où j'entrevoi,
Moins de respect pour lui, que de haine pour moi.
Une juste fureur s'empare de mon ame !
Vous allez à l'Autel, & moi j'y cours, Madame ;
Si de sang & de morts le ciel est affamé,
Jamais de plus de sang ses Autels n'ont fumé.
A mon aveugle amour tout sera légitime :
Le Prêtre deviendra la premiere victime ;
Le bucher par mes mains détruit & renversé,
Dans le Sang des Bourreaux nagera dispersé ;
Et si dans les horreurs de ce désordre extrême,
Votre Pere frappé, tombe & perit lui-même,
Alors de vos Respects voyant les tristes fruits,
Reconnoissez les coups que vous aurez conduits.

En achevant ces mots il disparoît.

Qu'on reconnoit bien, a tous ces traits, le colérique *Achille* d'*Homere !* M. *Racine* lui a donné de plus un petit vernis de galanterie Françoise qui le rend encore plus aimable.

Britannicus aussi doux qu'*Achille* est emporté, met dans ses reproches toute la candeur & toute la tendresse de son caractere.

BRITANNICUS à JUNIE.

Ah ! vous deviez du moins plus long-tems dis-
 puter,
Je ne murmure point, qu'une amitié com-
 mune
Se range du parti que flatte la fortune,
Que l'éclat d'un empire ait pû vous éblouir,
Qu'aux dépens de ma Sœur vous en vouliez
 jouir.
Mais que de ces grandeurs, comme un autre
 occupée,
Vous m'en ayez paru si long-tems detrompée ;
Non, je l'avoue encor mon cœur défeſpéré,
Contre ce seul malheur n'étoit point préparé.
J'ai vû sur ma ruine élever l'injustice ;
De mes perſécuteurs j'ai vû le ciel complice.
Tant d'horeurs n'avoit point épuiſé son cou-
 roux ;
Madame, il me resteroit d'être oublié de vous.

Je pourrois prouver par beaucoup d'autres exemples, que M.
Racine a sçû, auſſi-bien que *Corneille*, donner à ſes Héros des traits
propres, qui les diſtinguent les uns
des autres.

Je crois voir bien autant de différence entre les caracteres d'*A-
chille*, de *Xipharés* & de *Titus*,

qu'entre ceux de *Viriate*, de *Sophonisbe* & de *Cornelie*.

Les Héroïnes de *Corneille*, comme nous avons vû, font fieres, ambitieuses & remplies de grands sentimens.

Celles de *Racine* font tendres, engageantes, & en vérité, elles font mille fois plus propres a inspirer de l'amour. Il n'y a personne qui n'aimât mieux avoir pour épouse une *Iphigénie* ou une *Athalie*, qu'une *Aristie* ou une *Viriate*.

Que *Monime* est touchante, lorsqu'elle avoue à *Xipharès* l'amour qu'elle a pour lui !

>Ma douleur pour se taire a trop de violence.
>Un rigoureux devoir me condamne au silence ;
>Mais il faut bien enfin, malgré ses dures loix,
>Parler pour la premiere & la derniere fois ;
>Vous n'aimés dès long-temps : une égale tendresse,
>Pour vous long-temps m'afflige & m'intéresse.
>Songez depuis quel jour ces funestes appas,
>Firent naître un amour qu'ils ne méritoient pas;
>Les plaisirs d'un espoir qui ne vous dura guére,

Le trouble où vous jetta l'amour de votre pere,
Le tourment de me perdre & de le voir heureux,
Les rigueurs d'un devoir contraire à tous vos
 vœux ;
Vous n'en sçauriez, Seigneur, rappeller la mé-
 moire,
N'y conter vos malheurs, sans conter mon His-
 toire , &c.

Que tous ces sentimens sont doux & naturels ! & qu'on reconnoît bien là le vrai langage d'une jeune & vertueuse Princesse, malheureuse victime de sa grandeur, toujours obligée de combattre un penchant agréable qui l'entraîne, & auquel le commun des hommes a l'avantage de pouvoir se livrer sans conséquence !

Junie dans *Britannicus*, Athalie dans *Bajazet*, Iphigénie, Aricie dans *Hipolyte* parlent toutes du même ton. C'est la même douceur, la même patience dans les maux, la même tendresse dans les sentimens, la même vertu ; enfin elles sont toutes semblables.

Est-ce un défaut ? non, si c'est un plaisir.

Roxane elle-même, malgré toute sa jalousie, ses menaces & ses emportemens, n'est-elle pas bien tendre & bien aimable lorsqu'elle dit à *Bajazet* ?

Bajazet, écoûtez ; je sens que je vous aime.
Vous vous perdez. Gardez de me laisser sortir,
Le chemin est encore ouvert au repentir.
Ne désesperez point une amante en furie.

Et dans un autre endroit :

Je ne puis vivre enfin, si je ne vis pour toi.
Je te donne, cruel, des armes contre moi ;
Sans doute, & je devrois retenir ma foiblesse.
Tu vas en triompher. Oui, je te le confesse,
J'affectois à tes yeux une fausse fierté ;
De toi dépend ma joie & ma félicité ;
De ma sanglante mort, ta mort sera suivie ;
Quel fruit de tant des soins que j'ai pris pour ta vie !

On trouve dans toutes les piéces de *Racine* cette tristesse majestueuse, qui, comme il le dit lui-même, fait tout le plaisir de la

Tragédie, & que *Corneille*, à mon avis, n'a pas si bien connue que lui.

Les Héros de *Corneille* sont fiers, ambitieux, sublimes dans leurs sentimens, un peu vains dans leurs discours, un peu Sophistes dans leurs raisonnemens; ils ne connoissent guéres la tendresse; du moins, ils parlent & ils agissent comme s'ils ne la connoissoient point; ceux à qui le Poéte a voulu donner de l'amour, ne sont tout au plus que galans & nullement amoureux.

Corneille n'a pas sçû tirer parti de cette passion, si brillante sur le Théâtre, si variée dans ses transports & dans ses effets, & si propre à reveiller le sentiment, par la vivacité avec laquelle il l'exprime. Je parle en général, car il faut convenir que ce reproche ne peut tomber sur *Rodrigue*; n'y sur *Polyeucte*, qui sont aussi passionnés que *Bajazet* & *Britannicus*.

Les Héros de *Racine* ont toute la dignité qui leur convient, mais leur fierté est temperée par l'amour; ils aiment sincerément & ardemment; ils sont agités, ils ont des transports, ils ne sont galans que parce qu'ils sont tendres; ils ont un air de douleur & de sentiment, qui fait qu'on s'intéresse pour eux, & qu'on partage leurs peines; enfin on admire ceux de *Corneille*, mais on aime & on plaint ceux de *Racine*.

<blockquote>
Et franchement, quelqu'un, peu confusé,
J'aime encor mieux être aimé qu'admiré.
</blockquote>

Les partisans du grand *Corneille* ne me sçauront peut-être pas bon gré du paradoxe que je vais avancer, ni du parallele que je vais faire pour le prouver; je les prie cependant d'examiner l'un & l'autre sans prévention, s'ils le peuvent, & de ne céder qu'à la double autorité du sentiment & de la raison. Je prétends que *Corneille*, quoiqu'il s'éleve presque toujours plus haut que son illustre Rival, ne fait pas cependant parler les grands hommes avec autant de noblesse & de bienséance que lui. Un exemple rendra sensible ce que je veux dire.

Je ne vois que très-peu de différence entre Dom *Rodrigue* & *Achille*, à l'emportement près, qui détermine le caractere d'*Achille*; ils sont tout-à-fait semblables; tous deux jeunes, tous deux vivement amoureux, tous deux bouillans d'ardeur & de courage.

D'un autre côté, le Comte de *Gormas* ressemble parfaitement à *Agamemnon*; c'est le même orgueil joint à la même valeur. La situation de ces Héros dans le *Cid* & dans *Iphigénie*, est aussi la même. *Achille* adore *Iphigénie*, mais il est enflamé de courroux contre *Agamemnon*, pere de cette Princesse, qui a voulu abuser du nom d'*Achille* pour la conduire à l'autel, où il avoit dessein de l'immoler.

Rodrigue pour venger l'honneur de son pere, est obligé de combattre le Comte de *Gormas*, pere de *Chiméne*, de laquelle il est éperdument amoureux. Toutes choses étant dont égales de part & d'autre, voyons de quelle maniere nos deux Rivaux ont sçû traiter cette délicate maniere.

C'est le fameux Dialogue de *Rodrigue* & du Comte avant leur combat, que je veux comparer avec la dispute d'*Achille* & d'*Agamemnon*. (N. B. Comme cet examen grossiroit un peu trop cette Brochure, nous renvoyons nos Lecteurs à la Tragédie du *Cid*. Acte II Scéne 2, & à celle d'*Iphigénie* Acte IV. Scéne 6. Il seroit bon même qu'on comparat une partie des deux piéces ; un tel parallele fairoit plus d'impreſſion ſur un homme de gout que toutes nos réflexions. Il n'y a que le ſentiment qui puiſſe être le juge des choſes de ſentiment.)

Cette Scéne (*) toute entiere eſt un chef-d'œuvre, & un excellent modéle de la maniere dont-on doit faire parler des Héros.

Cette ſeule conteſtation ſuffiroit pour caractériſer parfaitement *Achille* & *Agamemnon*. L'un & l'autre ne s'y démentent jamais : *Agamemnon* eſt toujours orgueilleux, toujours jaloux de ſon autorité ; *Achille* eſt toujours impatient, toujours furieux ; mais on ne voit point qu'ils parlent d'eux-mêmes, qu'ils chantent leurs propres louanges, ni qu'ils exaltent ridiculement leur bravoure. (†) *Achille* menace *Aga-*

(*) Celle de *Racine*.
(†) C'eſt le défaut de *Corneille* dans la Scéne citée & dans preſque toutes ſes Tragédies.

memnon,

memnon, mais avec quelle grandeur & quelle délicatesse tout ensemble ! quelle nobleſſe dans la penſée & dans l'expreſſion, que tout cela eſt habilement ménagé !

Rendons à chacun ce qui lui appartient ; la plûpart des beautés de cette admirable Scéne ſont empruntées d'*Homére* : mais combien l'imitateur a-t-il encheri ſur ſon original.

L'*Achille* de M. *Racine* eſt auſſi emporté que celui d'*Homére*, mais il s'en faut beaucoup qu'il ne ſoit auſſi groſſier.

Il n'appelle point *Agamemnon* : *gueule de chien*, *le plus inſolent & le plus avide de tous les hommes*, *homme revêtu d'impudence*, *fourbe*, *impoſteur*, *yvrogne*, *qui a les yeux d'un Chien & le cœur d'un Cerf*, *bête carnaciere qui dévore le peuple*, &c. L'*Achille* François céde ſans peine à l'*Achille* Grec la gloire d'invectiver ſi mauſſadement. La ſeule chose que je puisse reprocher à Madame de *Sevigné*, c'est son injustice à l'égard du grand *Racine* : entraînée par le préjugé, qui alors étoit favorable à *Corneille*, elle parle dans quelques-unes de ses lettres avec très-peu de circonspection de ce Rival illustre qui le remplaça si avantageusement. J'ai toujours été très-mécontent d'elle, toutes les fois que j'ai lû ces paroles adressées à Madame de *Grignan*.

„ Il y a des choses agréables dans
„ *Racine*, & rien de parfaitement
„ beau, rien qui enleve ; point de
„ ces tirades de *Corneille*, qui font
„ frissonner, ma fille, gardons-
„ nous bien de lui comparer *Racine*; sentons-en la différence ; il y
„ a des endroits froids & foibles,
„ & jamais il n'ira plus loin qu'*Andromaque*.

„ *Racine* fait des Comédies pour

» la *Chammelai*, ce n'est pas pour
» les siécles à venir ; si jamais il
» n'est plus jeune , & qu'il cesse
» d'être amoureux, ce ne sera plus
» la même chose. Vive donc vieil
» ami *Corneille*, pardonnons-lui des
» méchans vers, en faveur des di-
» vines & sublimes beautés qui
» nous transportent ; ce sont de
» traits de Maîtres qui sont inimi-
» tables ; *Despréaux* en dit encore
» plus que moi ; & en un mot, c'est
» le bon goût ; tenez-vous y. »

Tout cela est fort légérement décidé & prouve seulement qu'avec tout le goût possible, on peut quelquefois être fort mauvais Juge en matiere de goût. Il faut plaindre ceux qui sont assez difficiles, ou assez aveugles pour ne trouver dans *Racine* rien de parfaitement beau, rien qui enleve, rien qui fasse frissonner.

Il est vrai que quand Madame

de *Sevigné* parloit ainsi ; elle n'avoit point encore vû les excellentes Tragédies qui ont achevé de mettre le sceau à la reputation de M. *Racine* ; mais elle n'en est pas moins inexcusable, puisqu'elle avoit vû *Britannicus*. Au reste, je n'examine point si M. *Racine* n'a pas été plus loin qu'*Andromaque*, mais j'ose dire que son horoscope tirée par Madame de *Sevigné*, a été bien glorieusement démentie par *Mithridate*, par *Phédre* & *Hypolite*, &c. Je ne dis rien d'*Iphigénie*; on prétend que la *Chammelai* en a fourni le modéle ; s'il est ainsi, qu'elle obligation ne lui a-t-on pas ? Mais *Athalie*, le Chef-d'œuvre de notre Théâtre, n'a point été faite assurement pour la *Chammelai*, & l'Auteur n'étoit plus jeune, lorsqu'il la composa.

Je suis persuadé que si Madame de *Sevigné* eut vu cette Piéce, elle se seroit retractée, comme elle fit au sujet de l'Oraison funébre de M. de *Turenne*, que M. *Fléchier* prononça, après que M. *Mascaron* eut enlevé tous les suffrages.

Vive donc notre vieil ami *Corneille*; à la bonne heure. Mais vive aussi notre aimable & tendre *Racine*, ce Pere du sentiment, & le premier Peintre fidele des foiblesses du cœur humain. *Despréaux en dit encore plus que moi*, ajoute Madame de *Sevigné*. Je ne vois point en quel endroit *Despréaux* en dit plus, & j'ignore ce qu'il pouvoit en dire dans la conversation; mais je sçai que dans son Epitre à M. *Racine*, (qui est la septiéme de ses Epitres) il donne à ce grand homme les éloges qui lui sont dûs, & tourne en ridicule ses injustes Censeurs. Je sçais encore que dans sa XII. Réflexion sur *Longin*, il conclut :

» Que c'est avec très-peu de
» fondement que les admirateurs
» outrés de M. *Corneille*, veulent
» insinuer que M. *Racine* lui est
» beaucoup inférieur pour le Su-
» blime ; puisque sans apporter
» quantité de preuves du contaire,
» il ne paroît pas que toute cette
» grandeur de vertu romaine tant
» vantée, que le premier a si bien
» exprimée dans plusieurs de ses
» piéces, & qui a fait son excessive
» reputation, soit au-dessus de l'in-
» trepidité plus qu'héroïque, & de
» la parfaite confiance en Dieu de
» ce véritablement pieux, grand, sa-
» ge & courageux Israélite. » (*Joad*
dans *Athalie.*)

Dans un autre endroit, Madame de *Sevigné* parle de *Bajazet* avec assez de mépris ; elle trouve ce personnage glacé, les mœurs des Turcs mal observées, le dénouement mal préparé, & en même temps elle parle avec éloge de la *Pulcherie* de *Corneille*.

Cela est naturel ; qui n'aime point *Bajazet*, doit aimer *Pulcherie*.

C'est ainsi que Madame *Des-Houlieres* se déclara depuis pour la *Phedre* de *Pradon*, & lui donna hautement la préférence sur la *Phedre* de M. *Racine* ; elle fit plus, elle hazarda contre cette admirable Tragédie quelques Vers, qui ne font honneur ni à son goût ni à son talent d'ailleurs si illustre.

Cette injustice de Madame de *Sevigné* envers M. *Racine*, est d'autant plus surprenante, que le caractere doux & tendre de cette Dame se rapporteroit fort à celui de cet illustre Tragique. C'est elle-même qui le dit :

Je suis douce, je suis tendre, ma chere enfant, jusques à la folie.

Et toutes ses lettres en font foi. La piéce de *Racine* qui lui plaisoit le plus, étoit *Andromaque*, parce qu'elle trouvoit dans les sentimens de cette Troyenne pour son fils, une image de ceux qu'elle avoit pour sa chere fille.

JUGEMENT

DE M. l'Abbé Bateux & de la Bruyere, sur Corneille & Racine.

PAssons quatorze siécles & venons tout d'un coup au grand Corneille, cet homme né pour créer le Poésie Théâtrale, si elle n'eût pas été créée avant lui. Il réunit toutes les parties, le tendre, le touchant, le terrible, le grand, le sublime. Mais ce qui domine sur toutes ces qualités & qui les embrasse chez lui, c'est la grandeur & la hardiesse. Corneille est peut-être le plus fort génie, qui ait paru depuis les Grecs. C'est le génie qui fait tout en lui, qui a créé les choses & les expressions. Il a partout une majesté, une force, une magnificence, dont personne n'approcha jamais. Quelle gloire pour notre langue, qu'on dit moins forte que la latine & la grecque, d'avoir pû fournir à cet homme divin des traits capables de rendre son feu & ses idées !

Lorsque ce grand homme commençoit à vieillir, M. *Racine*, né avec un génie heureux, un goût exquis, nourri de la lecture des excellens modéles des Grecs, accommoda la Tragédie à sa maniére. L'Elevation de *Corneille* étoit un monde où beaucoup de gens ne pouvoient arriver. Dailleurs ce Poëte avoit des défauts ; il y avoit chez lui de vieux mots, des discours quelquefois embarrassés, des endroits qui sentoient le déclamateur. *Racine* eût le talent d'éviter ces petites fautes : toûjours élégant, toûjours exact, il joignoit le plus grand art au génie, & se servoit quelquefois de l'un pour remplacer l'autre. Cherchant moins à élever l'ame qu'à la remuer, il parut plus aimable, plus commode & plus à la portée de tout spectateur. *Corneille* est comme quelqu'un l'a dit, un Aigle qui s'éleve au-dessus des nues, qui regarde fixement le Soleil, qui se plait au milieu des éclairs & de la foudre : *Racine* est une *Colombe* qui gémit dans des Bosquets de Mirthe, au milieu des Roses. Il n'y a personne qui n'aime *Racine* ; mais il n'est pas accordé à tout le monde d'admirer *Corneille*, autant qu'il le mérite.

„ *Corneille*, dit M. de la Bruye-
„ re, ne peut-être égalé dans les
„ endroits où il excelle : il a pour
„ lors un caractere original & ini-
„ mitable, mais il est inégal. Dans
„ quelques unes de ses meilleures
„ piéces, il y a des fautes inexcu-
„ sables contre les mœurs, un stile

„ de déclamateur qui arrête l'action
„ & la fait languir, des négligences
„ dans les vers & dans l'expression,
„ qu'on ne sauroit comprendre en
„ un si grand homme. Ce qu'il y a
„ eu de plus éminent en lui, c'est
„ l'esprit qu'il avoit sublime."

„ *Racine* est soutenu, toûjours le
„ même par-tout ; soit pour le des-
„ sein & la conduite de ses piéces,
„ qui sont justes, réguliéres, prises
„ dans le bon sens & dans la natu-
„ re ; soit pour la versification, qui
„ est correcte, riche dans ses rimes,
„ élégante, nombreuse, harmo-
„ nieuse. Si cependant il est permis
„ de faire entre eux quelque com-
„ paraison, & de les marquer l'un
„ l'autre, parcequ'ils ont de plus
„ propre & par ce qui éclate or-
„ dinairement dans leurs ouvrages ;
„ peut-être qu'on pourroit parler
„ ainsi ; *Corneille* nous assujettit à
„ ses carracteres & à ses idées :
Racine

» *Racine* se conforme aux nôtres.
» Celui-là peint les hommes comme
» ils devroient être, celui-ci les
» peint tels qu'ils sont. Il y a plus
» dans le premier de ce qu'on ad-
» mire & de ce qu'on doit même
» imiter : il y a plus dans le second
» de ce qu'on reconnoit dedans les
» autres & de ce qu'on éprouve en
» soi-même. L'un éleve, étonne,
» maitrise, instruit ; l'autre plait,
» remue, touche, pénétre. Ce
» qu'il y a de plus grand, de plus
» imperieux dans la raison est manié
» par celui-là ; par celui-ci, ce qu'il
» y a de plus tendre & de plus flat-
» teur dans la passion. Dans l'un ce
» sont des régles, des préceptes,
» des maximes ; dans l'autre, du
» goût & des sentimens. L'on est
» plus occupé aux piéces de *Cor-*
» *neille* ; l'on est plus ébranlé & plus
» attendri à celles de *Racine*. *Cor-*
» *neille* est plus moral ; *Racine* est

P

„ plus naturel. Il semble que l'un
„ imite *Sophocle* & que l'autre doit
„ plus à *Euripide*. „

De ces deux grands hommes réunis, on peut se former une idée du parfait tragique, tellement qu'on ait dans cette idée la regle, & la mesure du mérite de chaque Tragédie & qu'on pourra les croire plus ou moins parfaites, selon le degré de proximité qu'elles auront avec cette idée.

Nous nous étions proposés de donner l'examen de l'*Horace* de *Corneille* & de toute l'*Athalie* de *Racine*. Mais les détails nous ayant parut trop-longs, nous nous sommes bornés à faire voir qu'elle est l'ordonance & l'exposition de la piéce de *Corneille* ; en y joignant seulement quelques morceaux cités pour montrer en passant qu'elle est sa maniére de peindre.

On a vû dans *Sophocle* la nature

riche, mais naïve & simple. On verra le noble, le grand, l'héroïque dans *Corneille.*

Tout le monde sçait l'Histoire des trois *Horaces* qui combattent pour Rome, contre les trois Curiaces qui combattent pour Albe. Deux des *Horaces* sont tués & le troisiéme quoique resté seul, trouve le moyen de vaincre les trois Curiaces. Rien n'est plus simple que ce sujet, &c. &c. &c.

(Voyez la suite dans le *Cours de belles Lettres* p. 280).

REFLEXIONS

SUR la maniere de Dialoguer de Corneille & de Racine, de Voltaire & de Crebillon.

L'ART du Dialogue consiste à faire dire à ceux qu'on fait parler, ce qu'ils doivent en effet se dire. N'est-ce que cela, me repondra-t'on ! Non, il n'y a pas d'autre ecret ; mais ce secret est le plus difficile de tous. Il supose un homme qui a assez d'imagination pour se transformer en ceux qu'il fait parler, assez de jugement pour ne mettre dans leur bouche que ce qui convient, & assez d'art pour intéresser.

Le premier genre du Dialogue, sans contredit, est celui de la Tragédie. Car non-seulement il y a une extrême difficulté à faire parler des Princes convenablement ; mais la Poësie noble & naturelle qui doit animer ce Dialogue, est encore la chose du monde la plus rare.

Le Dialogue est plus aisé dans la Comédie; & cela est si vrai, que presque tous les Auteurs Comiques dialoguent assez bien. Il n'en est pas ainsi dans la haute Poësie. *Corneille* lui-même ne Dialogue point comme il faut dans huit ou neuf piéces. Ce sont de longs raisonnements embarassez. Vous n'y retrouverez point ce Dialogue vif & touchant du *Cid.*

LE CID.

Son malheureux Amant aura bien moins de peine
A mourir de ta main, qu'à vivre avec ta haine.

CHIMENE.

Va, je ne te hais point.

LE CID.

Tu le dois.

CHIMENE.

Je ne puis.

LE CID.

Crains-tu si peu la honte & si peu les faux bruits !

Le Chef-d'œuvre du Dialogue est encore une Scéne dans les *Horaces*.

HORACE.

Albec vous a nommé. Je ne vous connois plus.

CURIACE.

Je vous connois encor, & c'est ce qui me tue.

Peu d'Auteurs ont sçû imiter les éclairs vifs de ce Dialogue pressant & entre-coupé. La tendre mollesse & l'élégance abondante de *Racine*, n'a guéres de ces traits de répartie & de replique en deux ou trois mots qui ressemblent à des coups d'escrime, poussez & parez presqu'en même tems.

Je n'en trouve guéres d'exemples que dans l'*Œdipe* nouveau.

ŒDIPE.

J'ai tué votre époux.

JOCASTE.

Mais vous êtes le mien.

ŒDIPE.

Je le suis par le crime.

JOCASTE.

Il est involontaire.

ŒDIPE.

N'importe, il est commis.

JOCASTE.

O comble de misére !

ŒDIPE.

O trop fatal hymen ! O feux jadis si doux !

JOCASTE.

Ils ne sont point éteins ; vous êtes mon époux.

ŒDIPE.

Non, je ne le suis plus.

Il y a cent autres beautés de Dialogue, dans le peu de bonnes Piéces qu'à données *Corneille* ; & toutes celles de *Racine*, depuis *Andromaque*, en sont des exemples continuels.

Les autres Auteurs n'ont point ainsi l'Art de faire parler leurs Acteurs. Ils ne s'entendent point ; ils ne se répondent point pour la plûpart. Ils manquent de cette Logique secrette, qui doit être l'Ame de tous les entretiens, même de plus passionnez.

Nous avons deux Tragédies, qui sont plus remplies de terreur, & qui par des situations intéressantes touchent le spectateurs, autant que celles de *Corneille*, de *Racine*, & de *Voltaire*. C'est *Electre* & *Rhadamiste* ; mais ces piéces étant mal dialoguées & mal écrites, à quelques beaux endroits près, ne feront jamais mises au rang des Ouvrages Classiques, qui doivent former le goût de la jeunesse ; c'est pourquoi on ne les cite jamais, quand on cite les Ecrivains purs & châtiez.

Le Lecteur est au supplice lorsque dès le premiéres Scénes il voit, dans *Electre*, *Arcas* qui dit à cette Princesse.

<blockquote>
Loin de faire éclater le trouble de votre ame,
Flatez plutôt d'*Itis* l'audacieuse flâme ;
Faites que votre hymen se différe d'un jour,
Peut-être verrons-nous *Oreste*, de retour.
</blockquote>

Outre que ces vers sont durs & sans liaison, quel sens nous presentent-ils ! Ne pourroit-on pas flâter la passion d'*Itis* en montrant du trouble ! Ce n'est même que par son trouble qu'une fille peut flâter la passion de son Amant ? Il falloit dire ; *Loin de faire voir vos terreurs, flâter Itis* ; mais qu'elle liaison y a-t'il entre flâter la flâme d'*Itis*, & faire que son hymen avec *Itis* se différe ? Il n'y a là ni raisonnement, ni diction, & rien n'est plus mauvais.

Ensuite E L E C T R E dit à *Itis*.

Dans l'état où je suis, toûjours triste ; quels charmes
Peuvent avoir es yeux presque éteints dans les larmes ?
Porte ailleurs ton amour, & respecte mes pleurs.

E G I S T E.

Ah ! ne m'enviez pas cet amour, inhumaine,
Ma tendresse ne sert que trop bien vôtre haine.

Ce n'est pas-là répondre. Que veut dire ; *Ne m'enviez pas mon amour ?* En quoi *Electre* peut-elle envier cet amour ! Cela est inintelligible & barbare.

Clitemnestre vient ensuite qui demande au jeune *Itis*, si sa fille *Electre*, se rend enfin à la passion de ce jeune homme ; & elle menace *Elec-*

DE DIALOGUER. 179

tre, en cas de réſiſtance. *Egiſte* alors dit à *Clitemneſtre*.

Je ne puis la contraindre, & mon eſprit
confus....

CLITEMNESTRE *repond*.

Par ce raiſonnement je connois vos refus,

Mais *Egiſte* n'a fait-là aucun raiſonnement. Il dit en un Vers ſeulement *qu'il ne peut contraindre Electre*.

Il falloit faire raiſonner *Itis*, pour lui reprocher ſon raiſonnement. Enfin quand le Tiran arrive, il demande encore à *Clitemneſtre*, ſi *Electre* conſent au mariage?

ELECTRE *répond*.

Oui, pour ce grand hymen, ma main eſt toute
prête;
Je n'en veux diſpoſer qu'en faveur de ton ſang.
Et je le garde à qui te percera le flanc.

Quelle froide & impertinente pointe! *Je n'en veux diſpoſer qu'en faveur de ton ſang.* Cela s'entendroit naturellement, *En faveur de ton Fils*. Et ici cela veut dire, en faveur de ton sang que je veux faire couler. Y a-t'il rien de plus pitoyable que cette équivoque.

EGISTE *répond à cette pointe détestable*.

Cruelle, si mon Fils n'arrêtoit ma vengeance,
J'éprouverois bien-tôt jusqu'où va ta constance.

Mais il n'a pas été ici question de *constance*. Il veut dire aparemment ; je me vengerois de toi, en approuvant ta constance dans les supplices : mais *je me vengerois*, suffit ; & *jusqu'où va ta constance*, n'est que pour la rime.

Après cela *Egiste* quitte *Clitemnestre* en lui disant ;

Mais ma Fille paroit, Madame, je vous laisse,
Et je vais travailler au repos de la Gréce.

Quand on dit ; quelqu'un *paroît, je vous laisse* ; cela fait entendre que ce quelqu'un est notre ennemi, ou qu'on a des raisons pour ne pas

paroître

paroître devant lui ; mais point du tout ; c'est ici de sa propre Fille, dont il parle. Quelle raison a-t'il donc pour s'en aller ! *Il va travailler, dit-il, au repos de la Grece*, mais on n'a pas dit encor un seul mot du repos ou du trouble de la Gréce. Enfin cette Fille qui vient-là, aussi mal-à-propos que son Pere est sorti, termine l'Acte, en racontant à sa confidente qu'elle est amoureuse. Elle le dit en Vers inintelligibles, & finit par dire ;

Allons trouver le Roi ;
Faisons tout pour l'amour, s'il ne fait rien pour moi.

Quelle raison, je vous prie, de *faire tout pour l'amour, si l'amour ne fait rien pour elle.* Quel jeu de mots, indigne d'une soubrette de Comédie ! Si je voulois examiner ici toute la piéce, on ne verroit pas une page qui ne fut pleine de

Q

pareils défauts. Ce n'est point ainsi que dialogue *Sophocle* ; & il n'a point sur-tout défiguré ce sujet Tragique par des Amours postiches, par une *Iphianasse*, & un *Itis*, personnages ridicules. Il faut que le sujet soit bien beau pour avoir réussi au Théâtre, malgré tous les défauts de l'Auteur ; mais aussi il faut convenir qu'il a sçû très-bien conserver cette sombre horreur, qui doit régner dans la piéce d'*Electre*, & qu'il y a des situations touchantes, des reconnoissances qui attendrissent plus que les plus belles Scénes de *Racine*, lesquelles sont souvent un peu froides, malgré leur élégance.

M. de *Voltaire* dialogue infiniment mieux que M. de *Crébillon*, de l'aveu de tout le monde, & son stile est si supérieur, que dans quelques-unes de ses piéces, comme dans *Brutus* & dans *Jules-César*, je ne crains point de le mettre à côté du grand *Corneille*, & je n'avance rien là que je ne prouve. Voyons les même sujets traitez par eux. Je ne parle pas d'*Œdipe*; car il est sans difficulté que l'*Œdipe* de *Corneille* n'aproche pas de l'autre. Mais choisissons dans *Cinna* & dans *Brutus* des morceaux qui ayent le même fonds de pensées.

CINNA, *parlant à Auguste.*

Ose dire, Seigneur, que par tous les climats,
Ne sont pas bien reçus toutes sortes d'Etats;
Chaque Peuple a le sien conforme à sa nature,
Qu'on ne sauroit changer sans lui faire une injure.
Telle est la loi du Ciel, dont la sage équité,
Seme dans l'Univers cette diversité.
Les Macédoniens aiment le Monarchique,
Et le reste des Grecs la liberté publique.
Les Parthes, les Persans veulent des Souverains;
Et le seul Consulat est bon pour les Romains.

1°. *Toutes sortes d'Etats reçus par tous les climats*, n'est pas une bonne expression, attendu qu'un Etat est toûjours Etat, quelque forme de

Gouvernement qu'il ait. De-plus, on n'est point reçû par un climat.

2°. Ce n'est point une injure qu'on fait à un Peuple en changeant ses Loix. On peut lui faire tort : on peut le troubler ; mais *injure* n'est pas le terme convenable & propre.

3°. *Les Macédoniens aiment le Monarchique.* Il sous-entend l'Etat Monarchique. Mais ce mot, *Etat*, se trouvant trop éloigné, le *Monarchique* est-là un terme vicieux ; un adjectif, sans substantif.

Que dans tous vos écrits la langue révérée,
Dans vos plus grands excès vous soit toûjours sacrée.

Tout ce morceau d'ailleurs est très-prosaïque.

Il est très-utile d'éplucher ainsi les fautes de stile & de langage où tombent les meilleurs Auteurs, afin de ne point prendre leurs manquemens pour de régles! Ce qui n'arrive que trop souvent aux jeunes gens & aux Etrangers.

Brutus le Conful, dans la Tragédie de ce nom, s'exprime ainfi dans un cas fort aprochant.

Allons, il n'eft plus tems, chaque Etat a fes Loix,
Qu'il tient de fa nature & qu'il change à fon choix :
Efclaves de leurs Rois, & même de leurs Prêtres,
Les Tofcans femblent nés pour fervir fous fes Maîtres,
Et de leur chaine antique adorateurs heureux,
Voudroient que l'Univers fut Efclave comme eux.
La Gréce entiére eft libre, & la molle *Ionie*,
Sous un joug odieux languit affujetie. ...
Rome eût fes Souverains, mais jamais abfolus.
Son premier Citoyen fut le grand *Romulus*.
Nous partagions le poids de fa grandeur fuprême,
Numa qui fit nos Loix y fut foumis lui-même.
Rome enfin, je l'avouë, a fait un mauvais choix, &c.

J'avouë hardiment que je donne ici la préférence au ftile de *Brutus*. Après ces quatre Tragiques, je n'en connois point qui méritent la peine d'être lûs ; d'ailleurs il faut se borner dans ses lectures. Il n'y a dans *Corneille* que cinq ou six Piéces, qu'on doive ou plutôt qu'on puisse lire. Il n'y a que l'*Electre* & le *Rhadamiste* chez M. Crebillon, dont un homme qui a un peu d'oreille puisse soutenir la lecture ; mais pour les piéces de *Racine*, je conseille qu'on les lise toutes très-souvent, hors, *Les fréres Ennemis.*

EXAMEN

DES fautes de Langage, dans la Tragédie de Pompée.

. . . .
. . . .

Sont les titres affreux, dont le droit de l'épée
Juſtifiant Céſar, a condamné Pompée.

On ne peut dire *le titre dont on condamne*; mais le titre ſur lequel, par lequel, ou le titre qui condamne.

Et qui veut être juſte en de telles ſaiſons,
Balance le pouvoir & non pas les raiſons.

En de telles ſaiſons, eſt une expreſſion lâche & vicieuſe. *Balance le pouvoir*, n'eſt pas le mot propre; il vouloit dire, *conſulte ſon pouvoir*.

Cette émiſtiche, *& non pas les raiſons*, dit tout le contraire de ce qu'il doit dire. Ce sont précisément les raisons ; c'est-à-dire, la raison d'Etat qu'on examine & qu'on pese.

> Soutiendrez-vous un faix, sous qui Rome suc-
>   combe,
> Sous qui tout l'Univers se trouve foudroyé ;

Le mot, *foudroyé*, est très-impropre ; un fardeau ne foudroie pas, il accable.

> Mais quoique vos encens le traitent d'immortel.

Le mot *d'encens* ne peut admettre de pluriel. Il falloit absolument *votre encens*.

> Il cesse de devoir, quand la dette est d'un rang
> A ne point s'aquitter qu'aux dépens de leur sang.

On ne dit point le *rang d'une dette*, mais la *nature d'une dette*, & il falloit dire, à ne s'en acquitter qu'aux dépens de leur sang. La négative *point*, ne se met jamais avec *ne*, quand elle est suivie d'un *que*.

Je ne corrigerai ce Vers *que* quand on m'en aura montré le défaut. Je n'irai à Paris *que* quand je serai libre. Je n'écrirai *que* quand j'aurai du loisir, &c.

Assurer sa puissance & sauver son estime.

Sauver n'a là aucun sens. Il ne veut pas dire, conserver sa réputation ; il ne signifie pas conserver son estime. Il est un barbarisme inintelligible.

Trop au-dessous de lui pour y prêter l'esprit.

Prêter l'esprit, n'est pas François ; mais c'est une licence qu'on devroit peut-être accorder à la Poésie.

Et son dernier soupir, est un soupir illustre.

Soupir illustre, est bon à la vérité en Grammaire, mais en Poésie, il tient un peu du phébus.

Ce Prince d'un Sénat Maître de l'Univers,
Si-tôt que d'un malheur la fortune est suivie,

Les monstres de l'Égypte ordonnent de sa vie.

La construction est vicieuse : elle seroit pardonnable à une grande passion ; mais ici c'est *Cléopatre* qui parle de sang froid

Il en couta la vie & la tête à Pompée

On sent combien *la tête* est de trop.

Je connois ma portée & ne prends point le change ;
Vous montrez cependant un peu bien du mépris.

Ces deux Vers, & sur-tout le dernier, sont des expressions basses & trop populaires ; *& un peu bien dû*, est barbare.

Mais plus dans l'insolence elle s'est emportée.

On s'emporte à des excès d'insolence. On s'emporte avec insolence, à trop d'insolence, & non pas *dans l'insolence.*

> De s'en plaindre à *Pompée* auparavant qu'à lui.

Il falloit *avant qu'à lui*. L'adverbe *auparavant* ne sert jamais de conjonction. On ne dit point, je passerai par Strasbourg, auparavant d'aller à Paris ; mais avant d'aller, ou avant que d'aller à Paris.

> De relever du coup dont ils sont étourdis.

Il falloit *de se relever* ; *étourdis*, est trop bas.

> Quoiqu'il en fasse, enfin.

Il faut *quoiqu'il fasse* sur-tout dans le style noble.

> Il venoit à plein voile

On dit, *à pleines voiles*. Ce mot, *voile* est féminin.

> Voilà ce qu'attendoit,
> Ce qu'au juste, *Osiris*, la Reine demandoit

Le régime des deux verbes est mal

placé ; c'est une faute, mais légére.

Tout beau, nous vous devons le tout.

Sont des termes bas & comiques; mais ce ne sont pas des fautes Grammaticales.

Il nous falloit pour vous craindre, votre clémence.
Et que le sentiment d'un cœur trop généreux,
Usant mal de vos droits, vous rendit malheureux.

Toute cette phrase est mal construite. En voici le sens : votre clémence étoit dangereuse pour vous; & nous avons craint que par un sentiment trop généreux, vous ne vous rendissiez malheureux, en usant mal de vos droits.

Je m'appaiserois Rome avec votre supplice.

On ne peut dire, *s'appaiser quelqu'un*, comme on dit s'immoler, se concilier, s'aliéner quelqu'un.

Comme a-t-elle reçu les offres de ma flâme!
Comme,

DES FAUTES DE LANGAGE. 193

Comme, au lieu de comment, étoit déjà une faute du temps de *Corneille*.

Elle craint toutefois ;
L'ordinaire mépris que Rome fait des Rois.

On traite avec mépris. On a du mépris. On ne fait point de mépris.

D'un Astre envenimé, l'invisible poison.

L'invisible poison d'un Astre, est une pensée fausse, mal exprimée, quoique la Grammaire soit ici observée.

Qu'il eut voulu souffrir qu'un bonheur de mes armes.

Il falloit, que le bonheur de mes armes.

Quoi, de la même main & de la même épée,
Dans un tel désespoir à ses yeux a passé.

Comment peut-on passer d'une main & d'une épée, dans un désespoir.

R

> Quelques soins qu'ait César.

On prend des soins, on a soin de quelque chose, on agit avec soin ; mais on ne peut dire en général, avoir des soins.

> Pour de ce grand dessein assurer le succès.

Cette inversion n'est pas permise. On en sent la raison. Elle vient de la dureté de ces deux monosyllabes, *pour de*

> Ainsi que la naissance, ils ont les esprits bas.

Il falloit, ils ont l'esprit bas ; surtout, *naissance*, étant au singulier.

> De quoi peut satisfaire un cœur si généreux,
> Le sang abject & vil de ces deux malheureux ?

De quoi peut satisfaire, n'est pas françois ; il falloit, *comment*, ou en *quoi*

> J'en ai déjà parlé ; mais il a sçû gauchir.

Gauchir est un terme trop peu noble.

DES FAUTES DE LANGAGE. 195

C'est ce glorieux titre à présent effectif.

Effectif est un terme du Barreau.

A mes vœux innocens sont autant d'ennemis,

Il falloit *de mes vœux* : on n'est pas ennemi *à*, on est ennemi *de*.

Permettez cependant qu'à ces douces amorces,
Je prenne un nouveau cœur & de nouvelles forces.

Ces deux Vers sont un galimatias, pour le sens & pour l'expression. *Des amorces* ne donnent pas de forces, & on ne sent pas *un cœur nouveau d'une amorce*.

Mes yeux, puis je vous croire, & n'est ce point un songe,
Qui sur mes tristes vœux a formé ce mensonge!

Un *songe*, qui forme un mensonge *sur des vœux*, forme une phrase trop entortillée & trop peu exacte. C'est du galimatias.

Qu'avec chaleur *Philippe* on court à le vanger.

R 2

On court vanger, saisir, prendre, combattre. On ne court point à combattre, à prendre, à saisir, à vanger.

>Pour grand qu'en soit le prix, son péril en rabat.

Pour grand que, n'étoit plus en usage dès le temps de Corneille. On ne trouve pas de ces expressions surannées dans les *Lettres Provinciales*, qui sont de même date. Il *en rabat*, est un terme de tout temps ignoble.

>J'en aimois mieux juger sa vertu par la nôtre.

Il faut *juger de sa vertu par la mienne*. Il n'est pas permis de joindre en cette occasion le pluriel au singulier. *Phèdre* dans Racine, au lieu de dire, *j'excitai mon courage à le persécuter*, ne dit point.

>J'excitai notre courage à le persécuter.
>Parce qu'au point qu'il est, j'en voudrois faire autant.

Parce que, fait toujours en Vers un très-mauvais effet ; au *point qu'il est*, est actuellement surané & familier.

Je ne viens pas ici pour troubler une plainte,
Trop juste à la douleur dont vous êtes atteinte.

Il falloit dire, *permise à la douleur*, & non pas *trop juste*. Une plainte n'est pas juste à la douleur, comme un habit est juste au corps.

Vous êtes satisfaite, & je ne la suis pas.

Il faut, *je ne le suis pas* ; parce que ce *le* est neutre & indéclinable. Si on demandoit à des Dames, êtes-vous satisfaites ! Elles repondroient, *nous le sommes*, & non pas, *nous les sommes*. Ainsi une femme doit dire, je suis, & non je la suis.

Aucuns ordres ni soins n'ont pu le secourir.

Il falloit, *aucun ordre, aucun soin
n'a pu le secourir.*

> Leur Roi n'a pu jouir de ton cœur adouci ;
> Et *Pompée* est vangé, ce qu'il peut l'être ici.

De ton cœur adouci, ne peut se mettre au lieu de ta clémence. *Ce qu'il peut l'être*, ne peut être reçu pour signifier, autant *qu'il peut l'être* ; & c'est une grande faute de langage dans un Auteur moderne d'avoir mis ;

> Je vous aime tout ce qu'on peut aimer.
> Ta nouvelle victoire & le bruit éclatant,
> Qu'aux changemens de Roi pousse un peuple inconstant.

Un peuple qui pousse un bruit aux changemens de Roi, est un galimatias insupportable.

> Et parmi ces objets, ce qui le plus m'afflige

Il n'est pas permis dans le stile noble de placer ainsi l'adverbe au-devant du verbe. On ne peut pas dire en Vers héroïques, *ce qui davantage me plaît*, *ce que patiemment je supporte*, *& que à contre-cœur je fais*, *ce que prudemment je différe.*

J'ajoûte une Requête.

Ce terme du Barreau n'est point admis dans la Poésie noble.

Faites un peu de force à votre impatience.

Calmez, moderez votre impatience; mettez un frein à votre impatience. Voilà le mot propre. *Faire force*, est barbare.

Non pas César, non pas à Rome encore.
Il faut que ta défaite, & que tes funérailles,
A cette cendre aimée en ouvrant les murailles;
Et quoiqu'elle la tienne aussi chere que moi.

Cette *elle* tombe sur Rome, & semble tomber sur la cendre de César, par la construction de la phrase. *Aussi chere que moi*; on ne sçait si c'est *Cornelie* qui est aussi chere, ou si c'est à elle que cette cendre est aussi chere. Ces amphibologies jettent une obscurité désagréable dans le stile. Je n'ai relevé que celle-ci, pour n'être pas trop long ; mais la Tragédie que j'examine est pleine de ces obscurités. C'est un défaut qu'il faut éviter avec soin.

> Et quand tout mon éfort se trouvera rompu.

On rompt un projet, une ligne, des liens, une assemblée ; on arrête un effort on s'y oppose, on le rend inutile, &c.

> J'ai vu le désespoir qu'il a voulu choisir.

On entre dans un désespoir, on s'abandonne, on se livre au désespoir ; on ne le choisit pas.

> Il est de la fatalité
> Que l'aigreur soit mêlée à la félicité.

On dit bien *notre destin* ; *la fatalité*, comme on dit, *il est d'usage* ; *l'aigreur* est un terme très-impropre, & l'amertume s'oppose à la douceur, & non à la *fatalité*.

Je me suis arrêté dans cet examen uniquement aux fautes de langage, & je n'ai pas parlé des vices du stile ; dont le nombre est prodigieux. Cette discussion n'étoit pas de mon sujet, non plus que les beautés de détail ; dont cette Tragédie vicieuse & irrégulière est remplie.

FIN.

TABLE

DES MATIERES.

Abrégé de la vie de Pierre Corneille, avec une Digreſſion ſur ſon frere Thomas. Page 1
Vie de Racine. 41
Vie de Crebillon. 77
Jugement de M. de Voltaire ſur les Tragédies de Crébillon. 103
Parallele de Corneille & de Racine, par M. de Fontenelle 115
Parallele des mêmes, par M. de Vauvenargues. 118
Obſervations de M. Gaillard ſur les mêmes. 140
Autres Obſervations, par M. L'Abbé Bateux. 165
Réflexions ſur la maniere de Dia-

TABLE DES MATIERES.

loguer, *de* Corneille, *de* Racine, *de* Crébillon, *& de* Voltaire. 172
Examen des fautes de langage, de la Tragédie de Pompée. 187

Fin de la Table.

www.ingramcontent.com/pod-product-compliance
Lightning Source LLC
Chambersburg PA
CBHW062000180426
43198CB00036B/1903